JN089429

本格的経営伴走支援

SWOT分析&
BSCを活用した

バランス・スコアカード

KPI監査の実務と実例

藤野 雅史 日本大学経済学部教授
Masafumi Fujino

嶋田 利広 ㈱RE-経営 代表取締役
Toshihiro Shimada

若山 恵佐雄 税理士法人NAVIS代表社員税理士
㈱若山経営 代表取締役
Isao Wakayama

斉藤 恭明 斉藤税務会計事務所 所長
Yasuaki Saito

上月 和彦 上月税理士事務所 所長税理士
㈱神戸総研 代表取締役
Kazuhiko Kouduki

小形 実昇龍 企業経営アドバイザー
Minoru Ogata

加藤 かおり 交流分析士
インストラクター
Kaori Kato

マネジメント社

まえがき

会計事務所の MAS 業務って、今のままだと成果も出ないし、
おカネももらえないよね！

　これは、会計事務所のコンサルティング業務である MAS 業務（Management Advisory Service）に取り組んでいる会計事務所の所長の言葉である。

　私はこれまで 38 年間の経営コンサルタント経験のなかで、60 以上の会計事務所に対して「コンサルティング・スキル」などを支援してきた。

　昨今、MAS 業務や MAS 監査を推進している会計事務所も徐々に増えていることは前向きに評価できる。ただ、多くの会計事務所や監査担当者が行う MAS 業務には、経営計画作成をベースにその進捗管理を行う、いわゆる「予実チェック」が多いのが実態だ。少し進んだところでは、アクションプランの PDCA を指導する事務所も増えてはいるが……MAS 業務を行う税理士や事務所のスタッフからはこんな本音も漏れる。

- MAS 指導料を別途もらっているが、顧問先の業績改善が進まず、心苦しい。
- 数字がわかることで最初は予算と実績のチェックだけでも経営者は喜ぶが、2 年目からマンネリになりやすい。
- 効果を出している税理士の MAS 指導の仕方が属人的で、他の監査担当者がまねできないし、再現性がない。
- 経営計画は作るが、そのとおり進行したためしがなく、いくら予実チェックしても、経営がよくなっているという実感が湧かない。

　これらの問題意識に対して、MAS 業務に BSC（バランス・スコアカード）の視点を入れて、再現性のあるコンサルティングを目指す組織がある。それが「軍師の会」である。

　この組織は、BSC を学問的に探求する日本大学経済学部教授・藤野雅史氏をはじめ、BSC の仕組みを使い、MAS 監査のレベルを上げようとする株式会社若山経営の若山恵佐雄先生（税理士）ら税理士の方々が集う組織である。

　BSC は、アメリカの大学教授とコンサルタントが開発した業績評価手法の 1 つである。企業の業績評価を行う際、これまでの定量的な財務業績のみでなく、

4つの視点（財務・顧客・業務プロセス・学習と成長）で業績評価することで、財務的指標だけでは判断できないことをプロセスでの評価で補うものとして生まれた。

この BSC は複雑なため、なかなか中小零細企業では普及しにくい側面があった。しかし、若山先生らを中心にしたメンバーで開発した「戦略ナビ」では、BSC をスムーズに行うシステムを開発している。

そして、さらに BSC をシンプルにして、BSC と KPI 監査をつなげたノウハウと事例を紹介したのが本書である。

私が追求する「クロス SWOT 分析からの根拠ある経営計画書と KPI（Key Performance Indicator；重要業績評価指標）監査」、藤野・若山両先生らが推進する「軍師の会の BSC」の親和性が高いのは、その理論背景を考えると至極当然だった。

私が主催するセミナーに若山先生が参加され、時を経て今回のコラボレーションに至った。われわれはそれぞれの理論とフレームの整理統廃合を随時行いながら、ある程度のフレームワークの原型を完成させた。

ただそれは、その段階では「空理空論」に過ぎない。そこで、このフレームワークの効果性をみるために、私を含む 7 名の共著者は、顧問先やクライアントに実証試験をしたのである。

「空理空論かリアルに役立つ理論か」── それは実際に実証試験をして確かめるしかない。われわれはこの実証試験の結果、「強みを活かした固有戦略と行動プロセス指標の PDCA をモニタリングする」ことは、かなり効果があるとの確証を得た。

BSC の理論は難しいと思われがちだが、そのコア部分を「シンプル BSC」として簡素化し、そこに「クロス SWOT 分析と KPI 監査ノウハウ」を組み込んだことで、成果が出やすく再現性の高いノウハウに仕上がった。

実際に、私も試しに顧問先にこの手法を導入した結果、経営者からは「KPI 主体の経営計画とアクションプランのモニタリングは社員の行動変容に直結する」と高い評価を得た。

共著者である若山税理士、斉藤税理士、上月税理士、企業経営アドバイザーの小形氏、交流分析士インストラクターの加藤氏が支援した「シンプル BSC を使

った KPI 監査の経営計画書」も、「行動プロセス」が進むことで業績改善の兆し
が見え、経営者の満足度も高いことが事例で検証されている（各自が行った企業
でのコンサルティング事例を本書で詳細に公開している）。

　また、この仕組み自体は再現性があり、「聞き出すスキル」に多少の差こそあ
れ、フレームへの落とし込みは一定の知識さえあれば可能だ。

　したがって、会計事務所やコンサルタントは自信を持って MAS 業務を提案で
き、しっかり「有料サービス」にできるノウハウにすることができる。

　SWOT 分析や BSC、KPI は、数十年も前から世界中で使われている分析フレ
ームである。コンサルタントがたまたま思いついた我流のメソッドではない。理
論的背景や原理原則がしっかりあり、かつ普遍的なノウハウである。

　私は、シンプルに行動プロセスと指標のモニタリングをすることで PDCA を
回すことが、本来の「伴走支援」なのではないかと考えている。

　本書をご活用いただき、アフターコロナ、円安、デフレで苦境に立つ多くの中
小零細企業の経営改善が進む一助になれば幸いである。

　なお、各 Chapter の執筆分担は、1、10 若山恵佐雄氏、3 藤野雅史氏、2、4、5、
6 嶋田利広、7 斉藤恭明氏・加藤かおり氏、8 小形実昇龍氏、9 上月和彦氏で
ある。各執筆者の詳しい紹介は巻末に記している。

令和 6 年 3 月

著者を代表して

㈱ RE‐経営代表取締役　嶋田 利広

Chapter 4	クロス SWOT 分析から導く「強み」を活かした経営改善計画 （嶋田利広）

Chapter **5**	KPI 監査実務のフレームと手順 （嶋田利広）

Chapter **6**	SWOT 分析 & シンプル BSC を活用した経営計画と KPI 監査《事例 1》 （嶋田利広）

Chapter **7**	SWOT 分析 & シンプル BSC を活用した経営計画と KPI 監査《事例 2》 （斉藤恭明　加藤かおり）

Chapter **8**	SWOT 分析 & シンプル BSC を活用した経営計画と KPI 監査《事例 3》 （小形実昇龍）

<table>
<tr><td rowspan="2">Chapter 9</td><td>SWOT 分析 & シンプル BSC を活用した経営計画と
KPI 監査《事例 4》</td></tr>
<tr><td>（上月和彦）</td></tr>
</table>

<table>
<tr><td rowspan="2">Chapter 10</td><td>SWOT 分析 & シンプル BSC を活用した経営計画と
KPI 監査《事例 5》</td></tr>
<tr><td>（若山恵佐雄）</td></tr>
</table>

Chapter 1

アフターコロナ不況と
会計事務所の立ち位置

執筆：若山恵佐雄

1 アフターコロナで変わった 企業の外部環境と 会計事務所の存在意義

　新型コロナウイルス感染症（以下、コロナ感染症）のパンデミックの影響により、中小企業を取り巻く外部環境は大きく変化した。企業の伴走支援業務に携わる会計事務所に求められる機能も変化しつつある。

　従来型の税務支援業務一辺倒では、これからの VUCA〈ブーカ：Volatility（変動性）、Uncertainty（不確実性）、Complexity（複雑性）、Ambiguity（曖昧性）〉時代の中小企業経営をサポートできない。そうでなくてもコロナ不況後の後遺症と事業承継がうまくいかず、廃業倒産する中小零細企業は後を絶たず、M&A で何とか事業や技術は保てても、中小零細企業の絶対数は減少する。これは、企業会計業界、税理士業界にとっては黙って座視できない事実だ。

（1）デジタル化とオンライン・プレゼンスの重要性

　コロナ感染症のパンデミックにより、オンラインでのビジネスやリモートワークが一般的になった。その結果、中小企業もデジタル化を進め、オンラインでのプレゼンスを強化する必要性が高まっている。オンラインでマーケティングや電子商取引などの分野で事業を展開する企業が増えているからである。

❶デジタル化と会計事務所の方向性
　経営支援業務を行う視点で考えると、会計事務所は、デジタル化とオンライン活用が一般的に遅れている。中小企業経営をサポートするため、スタッフには関連するツールやオンライン・プラットフォーム（Web 上で提供されるさまざまなサービスの基盤となっているもの）の活用方法やメリットを教育しなければならない。そのため、以下のようなアプローチを検討することが重要になっている。

　　●スタッフがこれらのツールを有効に活用できるようになることで、クライアントに対する適切なアドバイスやサービスが提供でき、クライアントと

のコミュニケーションの内容が変わる。

● ただし、支援の仕方については「伴走型」が基本になる。伴走型には、人や組織の支援者として、クライアントが必要とする情報やメソッドを提供する「専門家（情報購入）型」や、クライアントの現状を把握するためにデータを集め、診断して、課題の解決策を提案する「医師・患者型」、クライアントが自ら現状に気づき、変革に向けた行動を自ら決めていく過程を支援する「プロセス・コンサルテーション型」がある。

❷オンライン・プレゼンスと会計事務所

　会計事務所がオンライン・プラットフォームを活用して、経営支援業務に取り組む際、以下のようなことが考えられる。

● オンライン会計ソフトウエアの提供：クラウドベースの会計ソフトを導入し、クライアントがデータを簡単に管理できるようにサポート ➡ この分野は会計ソフトメーカーの支援により進んでいる。

● BSC（バランス・スコアカード）の活用：会計事務所がオンライン・プラットフォームを活用して経営支援業務を行う際に、クラウド・サービスの BSC は非常に有効なツールとなる。クライアントが計画や目標を達成するための進捗等の支援にかかるコストや時間を削減し、より効果的な支援が可能になる。

❸リスク分散に動き出している中小企業の支援

　グローバルなサプライチェーンはコロナ感染症のパンデミックによって大きな影響を受けた。中小企業も、事業のリスク分散や取引先のリスク分散を行わなければ、急激な環境変化になったときにダメージが大きい。

　そうした場合、会計事務所は以下のような役割を果たすことができる。

● 予算とキャッシュフロー管理：予算作成プロセスやキャッシュフロー予測の判断と適切な資金配分の支援

● 税務戦略とリスク管理：税務戦略とコスト最適化の支援

●契約の評価とリスク管理：リスクを抑えつつ、有利な条件での取引を促進するためのアドバイス

●ビジネス評価と交渉支援：企業の評価方法を提案し、交渉時に有利な立場を獲得するための支援

●情報共有とコミュニケーション：正確なデータの共有によって、信頼関係の構築と取引の透明性向上

リスク分散の支援で、上記❷❸は会計事務所にはビジネスチャンスである。その役割を果たすため、経営者のための会計（未来会計）を学ばなければならない。

本書の共著者である日本大学経済学部教授・藤野雅史氏は「未来会計」の役割を次のように述べている。

「未来会計とも言われる管理（経営）会計が日本に紹介されてから約100年が経つ。100年前の先人たちがなぜ管理会計を必要としたのかを思い起こしてみると、経営者となる人づくりのための会計という管理会計の重要な特徴が浮かび上がってくる」

将来の事業づくり・組織づくり・人づくりのためにも未来会計は会計事務所に必須のツールとなっている。

（2）リモートワークの普及と伴走支援

パンデミックによって多くの企業がリモートワークを導入し、それによって柔軟な働き方が増え、従業員の採用や定着に与える影響を考慮する必要が出てきた。

会計事務所がリモートワークで経営支援業務を行う場合、経営者とのコミュニケーションを確立し、信頼関係を築くことが重要になる。予実対比中心の経営支援業務（MAS監査）に加え、リモートワークで以下の支援を行うことにより伴走支援が可能になる。

❶定期的なオンラインミーティング

Zoom等のツールを活用した週次または月次のミーティングを通じた進捗報告や質問，課題共有が重要。それをスムーズに行うためにはメールやチャットを活用し、いつでも側にいる存在になり、コミュニケーションを図らなければならない。

❷経営課題のフォーカス

　リモート環境では、特に重要な課題に集中して対応する必要がある。必要な情報を明確に提示し、経営者のスケジュールを考慮して、適切なタイミングで連絡をとるよう心がけなければならない。

（3）経営者のニーズ理解とフィードバック

　経営者の優先事項やニーズをよく理解し、経営者が求める情報やアドバイスを提供することで信頼関係は深まる。経営者の意見を尊重し、ベストなサービスを提供する努力を続けなければならない。

　これも今まで言われ続けたことだが、なかなか腰の重い会計事務所や監査担当者が多い。

　それは、理屈ではわかっていても、面談現場で使うトーク技術、フレーム、アウトプットなどの知見が乏しいからである。

　経営者とのコミュニケーションを円滑に行うためには、適切なツールや手法を活用し、透明性と信頼性を維持することが重要であり、経営者のニーズに敏感かつ柔軟な対応が求められる。

2 バランス・スコアカード (Balanced Score Card) の重要性

　AI（人工知能）は高度な計算能力とパターン認識能力を持ち、税理士業務の一部を効率的に処理することが可能であるが、次のような業務は代替できない。

①経営者との対話やコミュニケーション
②複雑な税理士業務や監査業務
③経営戦略の提案
④倫理的判断と道徳的側面

　これらの業務は経営者の経営判断基準や重要行動の優先順位を決めるフレームで「見える化」していくこと必要だ。
　そこに、1990年代アメリカで開発された「企業業績を定量的な財務業績のみでなく、多面的に定義し、それらをバランスよくマネジメントしようとする経営管理手法であるバランス・スコアカード（BSC）」の活用が考えられる。
　経営支援業務にあたる会計事務所は、さまざまな視点から組織のパフォーマンスを評価し、管理するためのフレームワークを学ばなければならない。

　※ BSC についての詳細は Chapter 3「シンプル BSC 理論」を参照。

Chapter

2

経営支援業務の
「これまで」と「これから」

執筆：嶋田利広

1 会計事務所の存在意義と MAS 業務

　経営支援業務を示す言葉として「MAS（Management Advisory Service）業務」が会計事務所の業界でも浸透している。その中でも「MAS 監査」を提唱している経営計画の専門会社MAP経営と、長崎IGグループ代表・岩永経世氏がNBM（ニュービジネスモデル研究会）やNN構想の会などで、その「礎」を築いてきた。

　そのMAS業務も新たな段階に入ったと考えている。それは、今までの

- ●経営計画作成
- ●予実チェック
- ●目標設定とチェック
- ●一部行動予実チェック

中心のMAS業務にプラスして、

- ●今ある企業の強みを活かす経営計画
- ●根拠と理屈の整合性がある対策
- ●結果ではなくプロセスを確実にすること

　これらの新たな視点と、「経営者がやる気になる根拠」を大事にする時代がきたわけである。そして、経営者も経営計画や対策に納得感がなければ、モチベーションも上がらず、金融機関も従業員も説得できないのである。

(1) 本格的伴走支援

　「伴走支援」とは、会計事務所やコンサルティング・ファームがクライアント企業の経営支援を行う際のアプローチの1つであり、経営者と一緒に歩みながら、長期的なパートナーシップを見据えて支援する手法を指す。

　伴走支援は経営者との強い信頼関係と協力関係を築くことを重視し、経営者と共に課題を解決し、目標達成に向けて進む姿勢が必要である。

　伴走支援をすることで、以下のことが可能になる。

- ●長期的な関係
- ●経営者とのパートナーシップ（経営者と共に課題を解決し、目標達成に向けて進む姿勢）
- ●継続的なコミュニケーション（場合によっては2代目、3代目ともパートナーシップが可能）
- ●業界の理解とカスタマイズ（その企業独自の課題やニーズに合わせたカスタマイズ支援）
- ●戦略計画策定から実行まで深入り
- ●金融機関との円滑な関係づくりの支援
- ●役員会、経営会議などでの意思決定のサポート
- ●業績悪化時、予兆時の事前対策の議論
- ●通常の顧問料以外の報酬確保

などである。

　ある意味、「社外役員機能」「外部の身内」のような立ち位置で、客観的に経営者の意思決定をサポートする立場になるのである。

（2）従来の MAS 業務の課題と KPI 監査の必然性

　多くの会計事務所や監査担当者は、MAS と BSC の違いがよくわからないと思われる。

　「MAS 監査」と呼ばれる手法は、経営者が事業計画や予算、財務分析などから経営情報を集め、分析し、意思決定を支援するシステムであり、アクションプランを実行管理するシステムである。

　MAS 業務は収支計画、財務分析から予実チェックとそれに伴う行動計画のチェックが中心である。すなわち「予定と結果の違いをチェックして、次の対策を一緒に議論」するのである。

　実際の MAS 業務を手掛ける多くの会計事務所からも、いろいろな課題が浮か

び上がっている。

要約すると、「予実チェック中心の MAS では業績が上がらないことはわかっているのに、自分たちでできる他の手法を知らないし、顧問先も文句を言ってこないから続けている」── そんな MAS 業務ではダメだということ。

コロナ禍で財務が悪化し、まだまだ業績回復の途上にある顧問先にとって効果がない「MAS 指導料」の負担が大きくなっているからである。

その証拠に、私（嶋田利広）の関係筋の会計事務所でも MAS 業務指導の解約や減額要請がここ最近増えていると聞く。

税務顧問はそう簡単に解約されないが、MAS 契約は即解約の憂き目にあう。さらに、高額の MAS 指導料をもらっている会計事務所では、「予実チェックとアクションプランチェック」だけの MAS 業務では限界を迎え、経営者にもっと付加価値を感じてもらう指導をしないと、不信感を持たれる事態に陥っている。

それでは、どんな MAS 業務がよいのだろうか。

❶今の MAS 業務では３年目まで続かない

MAS 業務をされている多くの会計事務所所長から言われたことがある。

「１年目は収支や資金繰りまで数値で『見える化』し、その予実チェックに感動される」

「２年目も同じように予実チェックをしていくが、毎回同じような話になり、具体的な新たな行動が進まない」

「３年目を迎える前に、MAS 指導に不満を感じた顧問先から、一度お休みしたいと言われた」

じつは、収支や資金中心の予実チェックだけでは、当初は喜ばれても、実際の経営は改善しないというのが実状のようだ。

ある会計事務所の所長はそこで、

「SWOT 分析を学習したい」

と当社（㈱ RE- 経営）の門を叩かれた。

もう少し具体策に踏み込まないと経営者が納得しないし、「強みを活かした経営計画にしないと実行度が高まらない」という危機感からだった。

❷行動計画の予実チェックも限界

予実チェックだけから、少し進んだ会計事務所の MAS 指導では、毎回の会議

の結果を議事録にとり、次のアクションを整理し、それをモニタリングしていく。これはかなり進んだほうだろう。

行動計画と今後の行動予定を聞き出し、次月にはその結果をモニタリングして、さらに修正行動計画を決めていく手法である。

じつは、この「アクションプラン・モニタリング」も指導の限界がきやすい。

それは、多くの中小零細企業は新たな行動を進めることが難しく、毎回同じ話の繰り返しになりがちだからだ。

昨今では、次のようなホンネを聞くことが多くなった。

「決定事項の担当者が経営者だと、ほとんど実行しない」

「人手不足で、経営陣も現場業務に追われ、会議で決まっても手つかずのままだ」

「受け身の仕事に慣れた会社の風土からなかなか抜け出せない」

こんな事情のもとでは、新たな決定事項が出ても実行されないのは当然だ。実行しないのは経営者や社員なのに、結果が出ないし決定事項が進まないから、「会議の決定事項が負担」になって解約になるケースもある。

会計事務所のMAS指導では、こんなことが日常茶飯事に起こっているのである。

❸行動プロセスを指標化した「KPI監査」なら新たな視点に

ところが、MAS指導を進める中で、本書のテーマである「KPI監査」を活用していくと違った景色が見えてくる。

KPI（Key Performance Indicator；重要業績評価指標）は、業績に直結する「重要成功要因（KSF；Key Success Factor）を特定し、そのKSFの行動プロセスを指標化してモニタリングするものである。

モニタリングでは、KPIのチェックと、なぜできなかったのか、次月までにKPI目標を達成するために何をどうするか —— これを経営者、幹部に考えてもらう。われわれコンサルタントは検討のヒントや考え方を示すだけである。

ただの結果ではなく、KPI監査の結果と具体的な行動対策なので、絞られた議論になっていく。

また、KPIはかなり細かい行動項目なので、MAS指導者がいないときには社内会議でもチェックしてもらえる。KPIチェック結果を次月のMAS会議で報告してもらい、その行動対策（修正アクションプラン）の妥当性をヒアリングすることもある。

大事なことは、

「本当に行動できるのか」

「そういう段取りやプロセスで動けるのか」

「目論見通り準備ができなかったり、違う反応が出た場合、どんな代替策があるのか」

等を KPI 監査時に聞き出し、議事録として記述しておくことである。

（3）KPI 監査が成果を出す 3 つのアプローチ

KPI のもとになる KSF（重要成功要因）をどう確定するかで、KPI やアクションプランは変わってくる。その進め方は、大きく分けて 3 つのアプローチから入る（詳細は Chapter 4、Chapter 5 参照）。

● クロス SWOT 分析からの KSF 抽出

● ボトルネックからの KSF 抽出

● 業界・部門の業績の公式からの KSF 抽出

---

❶クロス SWOT 分析からの KSF 抽出

クロス SWOT 分析で自社の「強み」「弱み」×外部環境の「機会」「脅威」から導き出した「積極戦略」「致命傷回避・撤退縮小戦略」「改善戦略」「差別化戦略」から、必要な KSF を複数導き出し、その行動プロセスを指標化する。

SWOT 分析がよいのは、「積極戦略」の中身に即効性のある KSF が出てくるので、そこを重点的に KPI 化すれば、成果が出やすいことである。そこで本書では、特に SWOT 分析からの KPI 設定をベースにしている。

❷ボトルネックからの KSF 抽出

ボトルネックとは、その部門の課題全体に影響している制約条件である。これは、当事者である経営者や幹部がわかっていることであるから、それをフレームに沿って聞き出し、KSF にして、KPI 化する。ただし、ボトルネックはもともと「弱み」であることが多く、苦手意識が強いと、なかなか KSF を設定しても改善されないケースもある。

❸業界・部門の業績の公式から KSF を抽出

どの業界、部門にも成功の方程式がある。それが「業績の公式」である。それらを小さな項目まで聞き出し、フレームに記入する。

その中でも優先度の高いものが KSF になり、その後 KPI 化していく。

このように「KPI 監査」の前段階である「KPI 設定」は、リアルな現場実状を反映し、その行動プロセスを指標化することである。

毎回の「KPI 監査」では、一般論や世間話になる暇はなく、徹底してファクト・ファインディング（課題設定）で議論を進めていく。したがって、より具体的な決定事項が毎回出てくるわけである。

KPI 監査では、顧問先の業績プロセスの中身にまで介入し、その議論や決定事項をファシリテートしていくので、即売上や利益にならなくても、少しずつ進化していくことを経営者も実感する。その延長線上に業績があることをどの経営者も理解できるのである。

memo

Chapter

3

シンプル BSC 理論

執筆：藤野雅史

1 バランス・スコアカード（BSC）について

　筆者（藤野雅史）は、大学の研究者として BSC（Balanced Scorecard）を 20 年近く研究してきた。初期の研究では、キリンビールや村田製作所といった大企業の導入事例を扱ってきたが、そこでわかったのは、教科書どおりの BSC を実施するのはまれで、ほとんどの場合は、その企業の状況に合わせたアレンジを加えているということであった。

　これは中小企業でも同じである。問題は企業規模ではなく、その企業（経営者）が何を必要としているのか、どんな課題に取り組もうとしているのか、である。

　近年は、本書の執筆陣にも名を連ねる会計専門家の人たちと一緒に、多くの中小企業経営者から話を聞くようになった。そうした対話から生まれたのが「シンプル BSC」である。シンプル BSC は、中小企業が取り組もうとしている課題に合わせて、さまざまなアレンジが可能な仕組みである。

　「計画を実行できていない」という経営者の声をよく耳にする。経営者としては，会計専門家のアドバイスを聞き、「しっかり計画を立てたはずなのに」という思いがある。毎月の予実分析も続けてきたが、会計専門家からは「利益が足りません」「経費を削ってください」と言われてしまう。

　何が足りないのか。一言でいえば「戦略がない」ということである。戦略と計画は同じではない。戦略を実行するためには、計画を絞り込み、社員を巻き込みながら戦略を"見える化"していく必要がある。そのためのツールがシンプル BSC である。

　BSC のことをすでに知っている人は多いだろう。しかし、「難しくて途中であきらめた」「使ってみたがうまくいかなかった」という苦い記憶を持っている人もいるかもしれない。シンプル BSC は、中小企業が戦略を実行するための機能に特化した BSC であるから、けっして難しいことはない。

2　なぜ BSC が必要なのか

　シンプル BSC の説明に入る前に、なぜ BSC が必要なのかを確認しておこう。

　BSC は財務面だけでなく，非財務面にも目を向ける業績測定システムである。では、なぜ非財務面に目を向ける必要があるのか。次の例を見てみよう。

　百貨店業界から高島屋と丸井を取り上げる。財務面から 2 社を比較すると、次の表のようになる。

	高 島 屋	丸　井
売上高（億円）	4,434	2,178
純資産（億円）	4,364	2,465

（注）連結業績。高島屋は 2023 年 2 月期、丸井は 2023 年 3 月期

　業界大手の高島屋が売上高では倍以上、純資産でも倍近くである。財務面からは高島屋の強さが見てとれるが、純資産はこれまでに獲得した利益の積み上げからなる。それは過去の成果であり、将来はその限りではない。

　それでは、将来への期待を反映する株価から見るとどうなるだろうか。両社の株式時価総額と PBR（Price Book-value Ratio：株価純資産倍率）は次のようになる。

	高 島 屋	丸　井
株式時価総額（億円）	3,702	4,958
PBR（倍）	0.79	1.82

　今度は丸井が高島屋を逆転する。丸井には純資産をはるかに上回る将来への期待が寄せられている。単純にいうと、この純資産では表せない部分が、非財務面の価値ということになる。BSC は、財務以外の顧客、業務、学習・成長といった視点を通じて、この非財務面の価値を戦略実行力として可視化することができる。ここに BSC が必要とされる理由がある。

財務の視点	財務的な成果（売上や利益）
↑	
顧客の視点	財務的な成果を生み出すために、顧客にどのような価値を提供するか
↑	
業務の視点	顧客に提供する価値を支えるために必要な経営資源をどのように磨いていくか
↑	
学習・成長の視点	

　BSCでは、財務の視点と3つの非財務の視点（顧客、業務、学習・成長）が因果関係でつながっている。財務の視点は最終的な成果を表す。その成果を生み出す要因として、顧客にどのような価値を提供するのかが顧客の視点に示される。

　業務の視点と学習・成長の視点には、顧客に提供する価値を生み出す要因として、必要な経営資源をどのように磨いていくかが示される。具体的には，業務の視点は、販売、開発、生産、購買といった業務がどのように流れていくかに関係する。学習・成長の視点は、そうした業務を支えるインフラ（例えば、人材の採用や育成、ITなどの情報インフラ、組織文化など）に関係する。

丸井の戦略マップ

　丸井の非財務面の価値はどのように戦略マップに描けるだろうか。丸井が公表している中期経営計画をもとに戦略マップを描いてみると、右図のようになる。

　丸井では、2026年3月期までにROE（Return On Equity；自己資本利益率）13％と業界最高レベルの収益性を上げることを目標としている。

　その利益の多くはクレジットカード事業から生まれると見込んでいる。丸井が自社発行する「エポスカード」は会員数700万人を誇る。このクレジットカード会員（将来的な会員も含める）に対して、丸井が提供する価値は「キ

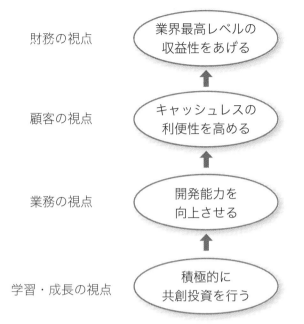

ャッシュレスの利便性」である。利便性を高めるために、家計管理にも役立つアプリを使えるようにしたり、再生可能エネルギーへの切り替えと電気料金の支払いをセットにしたりしている。

　こうした顧客への価値を生み出す要因（経営資源）として、1つには、上記のようなアプリの開発能力がある。また、再生可能エネルギーの利用にあたっては、他社と提携したサービス開発が重要であった。このような「開発能力を向上させる」ことが、顧客への価値を生み出すための経営資源を磨き上げることになる。

　最後に、アプリやサービスの開発を支えるインフラになっているのが、「共創投資」と呼ばれるイノベーティブな企業への投資である。再生可能エネルギーのサービス開発で提携した企業も、共創投資の投資先であった。

　このように、非財務の視点を抽出し、それがどのように財務的な成果につながるかをマップ化することにより、財務面だけではわからなかった丸井の戦略実行力を可視化することができる。

3 シンプル BSC の実践ステップ

それでは、どのようにシンプル BSC を実践していくのかを見ていこう。シンプル BSC は次の 3 つのステップで実践していく。

①計画を戦略へと絞り込む
②戦略を見える化する
③戦略を実行する

(1) 計画を戦略へと絞り込む

あなたのクライアントが分厚い「経営計画書」を持っていたら、その計画はあまり実行されていないと思ったほうがよい。あれもこれもと詰め込んだ計画は実行するのが難しい。計画を実行するには、絞り込まれた戦略が必要である。

計画を戦略へと絞り込むために使われるのが「クロス SWOT 分析」である。クロス SWOT 分析は、内部要因の「強み」「弱み」と外部環境の「機会」「脅威」を掛け合わせる。この分析の詳しい実施方法については、Chapter 4 を参照してほしい。ここでは、シンプル BSC にとってのクロス SWOT 分析の活用に注目する。

❶積極戦略

通常のクロス SWOT 分析では、2 × 2 で 4 つの戦略を導き出す。

「積極戦略」（機会 × 強み）
「致命傷回避・撤退縮小戦略」（脅威 × 弱み）
「改善戦略」（機会 × 弱み）
「差別化戦略」（脅威 × 強み）

　この 4 つの中から、シンプル BSC で積極戦略に絞り込む。なぜ積極戦略なのか。理由は 2 つある。

　1 つ目の理由は、積極戦略がクライアントとのコミュニケーションを深めやすいからである。戦略への絞り込みのためには、クライアントの具体的な顧客、販売方法、サプライヤー、社員スキルなどを知らなければならない。強みと機会を聞き出すためのコミュニケーションは、クライアントを知るうえで格好の機会である。

　2 つ目の理由は、積極戦略がもっとも実行しやすいからである。シンプル BSC を必要としているということは、戦略実行力にこれまで問題を抱えていたということである。そうしたクライアントが、これまでも克服しきれなかった弱みや脅威に手をつけるのはエネルギーのいることである。改善戦略や差別化戦略が必要ないわけではないが、積極戦略を通じて戦略実行力をつけてから、それ以外の戦略に取り組んでいけばよい。

　以上の理由から、シンプル BSC では、クロス SWOT 分析を使った積極戦略への絞り込みを推奨する。ただし、例外的かもしれないが、積極戦略以外の戦略に絞り込んでもよいケースがないわけではない。それは、上の 2 つの理由がすでに達成されているケースである。すでに深いコミュニケーションがとれていて、戦略実行力にも実績があるというクライアントとなら、積極戦略以外の戦略に絞り込んでもよいといえる。

❷戦略の 2 要件

　クロス SWOT 分析によって絞り込まれた積極戦略は、戦略の 2 要件を満たさなければ、戦略とはいえない。戦略の 2 要件とは、①他社と違うことをすること、②何か他社と違うものを持つこと、である。

　要件①「他社と違うことをする」は、市場においてユニークなポジションをとり、それが顧客からも認められるということである。クロス SWOT の機会分析を通じて見えてくる「レッドオーシャンの中のブルーオーシャン」や「小さな顧客ニーズの変化をとらえるニッチ市場」は、市場におけるユニークなポジションを具体化したものである。

　要件②「何か他社と違うものを持つ」とは、社内で培ってきた経営資源（ヒト、モノ、情報）を他社が真似できないほどに磨き上げることをいう。クロス SWOT の強み分析では、顧客、商材、サービス、組織機能といった経営資源を

具体的に聞き出していく。こうした経営資源が「他社と違うもの」の原石であり、それを磨き上げていけば、確固たる「他社と違うもの」を持てるようになる。

　以上の2つの要件を満たせば、積極戦略は確かに「戦略」であるといえる。しかし、その戦略が持続的な成果につながるためには、さらにもう1つ必要なことがある。

　それは、2つの要件のつながりである。ユニークなポジションをとって「他社と違うこと」をしていても、そのための経営資源がともなわなければ、そのポジションはすぐに他社に奪われてしまう。また、経営資源を磨き上げて「他社と違うもの」を持つようになっても、他社と似たようなポジションをとっていては，顧客からなかなか認めてもらえない。「他社と違うもの」を「他社と違うことをする」ために活用できるようになってこそ、戦略実行力が高まるといえる。

　この2つの要件のつながりについては、シンプルBSCの2番目のステップで見ていく。

（2）戦略を見える化する

　クロスSWOT分析によって、なかなか実行できなかった計画を積極戦略へと絞り込めたら、次のステップはその積極戦略を見える化することである。積極戦略の見える化には、BSCの戦略マップを使う。戦略マップでは、積極戦略にあった2要件をKSFに置き換え、KSF間のつながりを確認していく。

　クロスSWOT分析は、具体的に固有名詞が出てくるところまで深く掘り下げて戦略を導き出す。それはクロスSWOT分析の最大の長所である反面、情報量が多くなり、直観的に理解したり、幅広く共有したりするのには不向きである。

　戦略マップでは、ボックスと矢印で図式化することによって、「こうすればこうなる」という戦略のストーリー展開を大まかに把握することができる。深く掘り下げるクロスSWOT分析と広く全体像を示す戦略マップが、互いの長所を活かし合うのがシンプルBSCである。

❶学習と成長の視点はいったん横に置く

　シンプルBSCでは、戦略マップもシンプルにする。通常の戦略マップには4つの視点があるが、シンプルBSCの戦略マップは「学習と成長の視点」をなくし、3つの視点からなる。3つの視点といっても、財務の視点には戦略マップを作成

する前から何らかの目標があるだろうから、実質的には２つの視点である。

　学習と成長の視点はもちろん重要である。しかし、繰り返すようだが、シンプルBSCは計画をなかなか実行できなかったクライアントに使ってほしいツールである。すぐに計画を実行したいときに、学習と成長の視点にあるような業務のインフラから手をつけようとするのはリスクが大きい。すぐに計画を実行する（厳密には、戦略を実行する）には、今あるインフラを活かしていくしかない。

　今あるインフラだけではいずれは限界がくるかもしれない。しかし、そのときには、クライアントにも戦略を実行するノウハウが身についているはずである。そうなったときに、学習と成長の視点を含めた戦略マップを作成し直せばよい。

　すぐに計画を実行しようとするときに、どうしても業務のインフラから構築し直さなければならないこともある。例えば、顧客との関係を強化する戦略を実行したいのに、手書きの顧客データしかないときは、インフラとして顧客管理システムを導入しなければならないだろう。「顧客管理システムの導入」のようなKSFは、本来は学習と成長の視点に入れるべきかもしれない。しかし、シンプルBSCでは、そうしたKSFも「業務の視点」に入れてよいと考えている。１つのKSFのために学習と成長の視点を作って戦略マップを複雑化させるよりも、業務の視点にKSFを１つ加えるだけのほうが、戦略の見える化には効果的である。

❷ KSF を抽出する

　KSFとはKey Success Factor（重要成功要因）であり、戦略の目標を「どうしたいか」「何を目指すか」という短い言葉で表したものである。積極戦略から、顧客の視点のKSF、業務の視点のKSFを抽出していく。

　まず、顧客の視点から見ていこう。顧客の視点は、顧客に提供しようとする価値を明確にすることである。これは、積極戦略の要件①「他社と違うことをする」と関係している。積極戦略では、ターゲットとする顧客ニーズが具体的に絞り込まれているはずである。この顧客ニーズが、どのような価値によって満たされているのかを考えていくことで、顧客の視点のKSFが見えてくる。

　とある寒冷地のガソリンスタンドの例である。スタンドに立ち寄った顧客から「寒くなってきたから灯油を配達してほしい」「石油ストーブが調子悪いからみてほしい」といった声が寄せられる。積極戦略では、こうした顧客ニーズをターゲットにすることにしたが、このときガソリンスタンドは顧客にどのような価値を

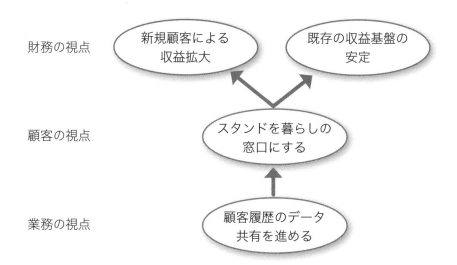

提供しているのだろうか。

　このガソリンスタンドが考えた KSF は「スタンドを暮らしの窓口にする」であった。ここで重要なのは、価値はあくまでも顧客から見た価値であるということである。スタンド側から見れば、顧客に提供しているのは灯油であり、修理サービスである。しかし、顧客としては、そうした直接提供されるモノやサービスの価値よりも、それをガソリンスタンドで気軽に頼めることのほうに価値を見出している。その価値があるからこそ、このガソリンスタンドに立ち寄るわけである。

　次に、業務の視点である。業務の視点は、価値を提供するための業務（経営資源）をどのように磨き上げていくかに関係している。これは、積極戦略の要件②「他社と違うものを持つ」に対応する。積極戦略に絞り込むまでのクロス SWOT 分析を通じて、クライアントの強みとなりそうな情報、スキル、ノウハウといった経営資源については詳しく理解できているはずである。そうした経営資源の中から、顧客の視点で設定した価値につながるものを探し出すことによって、業務の視点の KSF が見えてくる。

　先ほどのガソリンスタンドの例を続けよう。灯油の配達やストーブの修理を行うのは、ガソリンスタンドのスタッフではなく、別のサービス課と呼ばれる部署であった。スタンドに立ち寄った顧客が灯油の配達を頼んできたときは、スタンドからこのサービス課につないで灯油を配達してもらう。

　ここで問題になったのが、ガソリンスタンドの顧客履歴とサービス課の顧客履歴が別々に管理され、履歴を記録するフォーマットも違うことであった。これで

は、いつもサービス課に配達を頼んでいる顧客が、たまたまガソリンスタンドに来て「いつもの配達お願いします」と依頼してきたときに、スタンドのスタッフがその顧客の履歴を探すのに手間取ってしまう。

そこで、業務の視点の KSF は「顧客履歴のデータ共有を進める」とすることにした。この KSF を遂行していくことによって、顧客の視点の KSF「スタンドを暮らしの窓口にする」につながっていく。

シンプル BSC では、あまり多くの KSF を出しすぎないことが重要である。1つの積極戦略から 2〜3 個の KSF を抽出すればよい。KSF は顧客の視点と業務の視点に分けられるが、1つの積極戦略につき顧客の視点はたいてい 1 個、業務の視点は 1〜2 個となる（多くても 3 個まで）。顧客の視点に 2 個の KSF が出てきてしまうときは、積極戦略そのものを 2 つに分けたほうが実行しやすくなるであろう。

最後に、財務の視点について簡単に触れておこう。財務の視点は、積極戦略からもたらされる財務的な成果を示すところである。財務的な成果は 2 つの KSFに集約される。1つは「新規顧客による収益拡大」、もう 1 つは「既存の収益基盤の安定」である。積極戦略であるから「新規顧客による収益拡大」が成果であると考えやすいが、顧客への価値が明確になると、「既存の収益基盤の安定」にもつながることが多い。

再びガソリンスタンドの例でいえば、灯油配達などのサービス強化によって、新たなサービス注文が増えるだけでなく、ガソリンスタンドへの来店頻度も増えるようになった。もちろん、つねに両方の KSF を設定する必要はなく、2 つのうちのいずれか一方だけに絞ってもよい。

（3）戦略を実行する

積極戦略に絞り込み、戦略マップでそれを共有することもできた。しかし、まだ戦略は実行されていないことを忘れてはならない。戦略マップに描かれたストーリーは、「こうなったら、こうなるだろう」という仮説にすぎない。その仮説を実現するには、ストーリーを構成する KSF を着実に遂行していく必要がある。

KSF を遂行していくためには、KSF を遂行していったら到達できるゴール（KGI）とそのゴールに到達するまでの行動プロセス（KPI とアクションプラン）を明確にしておきたい。KGI（重要目標達成指標、あるいは成果指標とも呼ばれ

る）、KSF、KPI（重要業績指標、あるいはプロセス指標とも呼ばれる）の関係
については、Chapter 5 で詳しく解説する。ここでは、KSF からの展開例を紹介
しておく。

　Chapter 10 の若山氏が解説する事例でも、詳説するガソリンスタンドの例で
は、「スタンドを暮らしの窓口にする」という KSF（顧客の視点）が抽出されて
いた。この KSF に対する KGI、そして KPI とアクションプランはどうなるか。
　KGI は、KSF をうまく遂行できたときのゴールや成果を指標にして示したも
のである。「スタンドを暮らしの窓口にする」ことができたときは、どのような
状態になっているのかを考えてほしい。
　先ほども述べたように、スタンドは配達や修理のサービスをサービス課につな
いでいる。顧客履歴データの共有も進んでいるとすると、スタンドは以前にサー
ビスを注文してくれた顧客がスタンドに来たときにスムーズにサービス課につな
ぐことができるようになる。これが「スタンドが暮らしの窓口になった」状態で
ある。そこで、その状態を表す KGI は「顧客紹介件数」とした。紹介はサービ
ス課への紹介である。
　KPI は行動プロセス指標であり、KSF を遂行していくためのアクションプラ
ンが実行されているかどうかを示すものである。
　「スタンドを暮らしの窓口に」していくまでに必要なアクションプランは何か。
このスタンドでは、業務の視点で顧客履歴のデータ共有を進めていることを受け
て、そのデータをさらに活用しようと考えた。それは、サービスの注文を受けて
から履歴データを使うだけでなく、履歴データをもとにターゲット顧客を割り出
し、こちらから提案営業をかけていくことであった。また、これまでのスタンド
での経験則にもとづいて、顧客にはできるかぎり名前で話しかけることで、顧客
が追加の注文を出しやすい関係を築いていくことにも取り組んでいった。
　こうしたアクションプランの実行をチェックするために、このスタンドでは「声
かけ回数」を KPI とした。「声かけ回数」はスタッフの自己申告によって記録さ

れる。そのため、正確な数値とはいえなかったが、これを KPI とすることによってスタッフの声かけに対する意識は着実に強まった。KPI では、しばしば正確さよりも意識づけが重視される。

KSF に対してどの KGI ／ KPI が正解かについて、唯一の答えはない。上記の例でも、例えば、顧客満足度も KGI の候補である。スタンドが暮らしの窓口になるということは、顧客満足度も高くなると考えられるためである。しかし、この例では、顧客満足度調査には高いコストがかかることから、顧客満足度という KGI は選択されなかった。

また、声かけ回数という KPI にしても、スタッフが何でもかんでも声さえかければよいと誤解してしまったら、かえって顧客に避けられてしまうだろう。スタッフの状況によって、そうした誤解の可能性があるときは、別の KPI を設定したほうがよい。

このように、KGI ／ KPI は、さまざまな制約条件を勘案しながら選択するしかない。また、いったん選択した KGI ／ KPI が弊害を生んでいるとわかったときは、定期的に入れ替えを行うことも必要になる。

最後に、KGI ／ KPI の数についても触れておこう。1 つの KSF に対して、KGI は 1 つあればよい。KPI は 1 つでも十分だが、多くても 2 つまでである。組織がそれなりに大きくなり、担当者ごとに KPI が必要になれば数を増やしてもよいが、そうでないうちは KPI の数はできるだけ少ないほうがよい。KPI が多くなると、何を意識してアクションをとればよいかが不明確になりやすい。

シンプル BSC・KPI 監査の 体系と概要

(1) シンプル BSC・KPI 監査の体系

シンプル BSC・KPI 監査は、以下の流れで経営計画書とモニタリングが進んでいく。次項で一つひとつ解説していく。

シンプル BSC/KPI 監査　体系図

1	現状把握	●変動費・固定費の区分 ●変動損益計算書の作成（過去 5 期分） ●必要運転資金の過不足を算出

2	到達目標・ 経営計画	●中期 (短期）の売上・売上総利益・営業利益・経常利益目標の設定 ●目標値は借入返済額、成長拡大の設備投資、内部留保を考慮して設定 ●経営者が達成したい売上や経営指標イメージから設定

3	差額分析	●現状の売上目標額との差額を把握 ●現状の売上総利益目標額との差額を把握

4	戦略マップ	●財務の視点からの課題と方向性整理 ●顧客の視点からの課題と方向性整理 ●業務の視点からの課題と方向性整理

| 5 | クロス SWOT 分析 | ● 「強み分析」の深掘りで「潜在的な強み」を捻出
● 「機会分析」の深掘りで「少しでも No.1 の可能性があるニッチニーズ・ニッチ市場」を捻出
● 差額対策商材を SWOT 分析で「強みを活かした独自戦略」を立案
● 差額利益対策も SWOT 分析から「重点志向対策」「選択と集中対策」を立案
● 「積極戦略」を商品戦略、顧客戦略、価格戦略から「独自の経営戦略」として立案 |

↓

| 6 | 積極戦略シートにKSF・KPI 設定 | ● 各積極戦略から「顧客視点」の KSF とそれにつながる「業務プロセス」の KSF を抽出
● 戦略マップの課題整理と積極戦略の整合性
● KSF が具体的で検証可能な内容かをチェック
● KSF から顧客視点 KPI と業務プロセス KPI を設定 |

↓

| 7 | 中期収支計画の設定 | ● 顧客視点、業務プロセス視点の KSF が入った具体策を右側に、左に収支予定表を記載
● 独自の商品戦略、顧客戦略を「おカネ（収入と支出）」として記載
● 顧客視点の KSF、業務プロセス視点の KSF が今後 3～5 か年でどう収支に反映するか記載 |

↓

| 8 | KPI 監査モニタリング | ● KPI の進捗状況、アクションプランの進捗状況をモニタリングする有料の KPI 監査契約を締結
● 最低 1 年間(その後複数年契約)の KPI 監査モニタリングで、一つひとつの具体的な行動の PDCA を支援し続ける（予実チェックだけではなく、KPI チェックが主体） |

↓

| 9 | KPI を実現するアクションプラン設定 | ● 各 KPI が実践されるためのアクションプランの主要行動要素を作成
● アクションプランは期限、担当、チェック会議を明確にする
● アクションプランは行動プロセスまで落とし込むことを意識する |

（2）現状把握

　将来を展望するためにも現状把握は欠かせない。クライアントは黒字企業なのか赤字企業なのか、返済資金はどれほど必要なのか、という経営計画の前提が現状把握から見えてくる。売上高が下がってきている企業と、上がり続けている企業とでは、どこまで踏み込んだ戦略をとるかが変わってくる。

　現状把握のために、クライアントから少なくとも過去3期分、できれば5期分の決算書を入手する必要がある。決算書は貸借対照表と損益計算書が基本だが、キャッシュフロー計算書（資金繰り表）があればなおよい。決算書がそろったら、テンプレートの現状把握シートへ入力していく。

　まず「変動損益計算書（5期分）」に科目と数値を入力していく。クライアントが通常の損益計算書しか作成していない場合は、売上原価と販売費・一般管理費を変動費と固定費に分類しなおす必要がある。

　製造業以外の業種では、売上原価（仕入原価）＝変動費となることが多い。製造業の場合は、売上原価の中から原材料費や外注費などを変動費とする。販売費・一般管理費は固定費になるものが多いが、販売手数料（売上高に定率で課される場合）や輸送運賃などは変動費になる。

　変動損益計算書を作成し終わると、現状把握シートの一番上にある「直前期の損益状況」の経常利益までが自動計算される。ただし、経常利益＝生み出した資金にはならない。利益から法人税等を差し引くとともに、現金支出をともなわない減価償却費を足し戻すことで、生み出した収益が計算される。

　次に、「運転資本の増減（5期分）」に、貸借対照表から必要項目を抜き出して入力する。運転資本に関係するのは流動資産と流動負債である。流動資産からは現金・預金，売上債権（売掛金および受取手形）、棚卸資産（商品、製品、原材料、仕掛品など）を使う。流動負債からは買入債務（支払手形、買掛金など）を使う。

　運転資本を入力し終わると、現状把握シートの「直前期の資金状況」にある「運転資本増減にともなう資金」が自動計算される。直前期の売上債権や棚卸資産が2期前よりも増えて（減って）いれば、資金は減少（増加）したことになる。反対に、買入債務が2期前よりも増えて（減って）いれば、資金は増加（減少）したことになる。

　「直前期の資金状況」では、直前期に返済原資（フリーキャッシュフロー）をどれだけ確保したかが計算される。返済原資のためのプラス項目は、「生み出した資金」と「運転資本増減にともなう資金」である（キャッシュフロー計算書からその他のプラス項目が判明すれば、それを追加入力する）。

　マイナス項目は設備投資である。直前期の設備投資がいくらだったのかをキャッシュフロー計算書から持ってくる（その他のマイナス項目があれば、追加入力する）。

　こうして計算された返済原資は、現状把握シートの次のシートである必要売上・利益シートにつながり、そのシートにおいて、必要な返済原資を確保するためのシミュレーションに使われる。必要売上・利益シートについては、次の（3）で説明する。

　「直前期の資金状況」は、この返済原資を算出するところまでが重要であるが、その下に、借入金の増加・返済にともなう資金の増減を記入する欄が続いている。この借入金による資金の増減を加味すると、最終的な当期末資金残高が計算される。当期末資金残高は、借入金を返し終わって手元に残った資金ということである。来期はこの資金残高からスタートし、そこに資金の増減が加味されていくことになる。

　※ 42 〜 43 ページ参照

直前期の損益状況

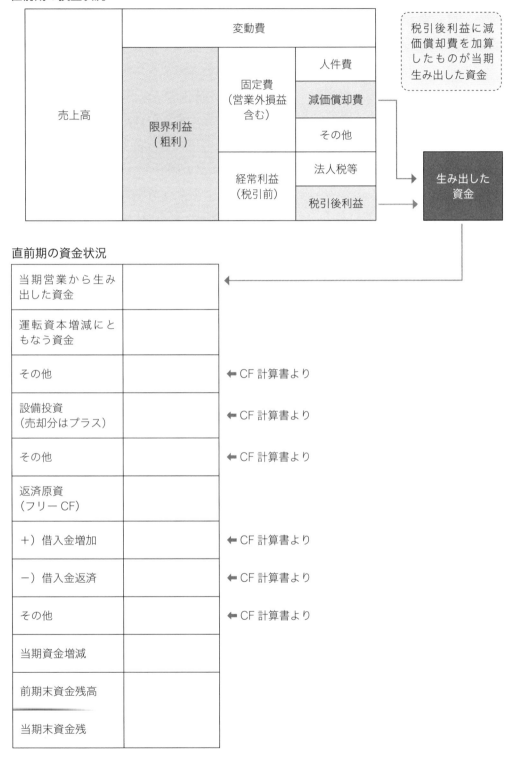

売上高	変動費		
	限界利益 （粗利）	固定費 （営業外損益 含む）	人件費
			減価償却費
			その他
		経常利益 （税引前）	法人税等
			税引後利益

税引後利益に減価償却費を加算したものが当期生み出した資金

生み出した資金

直前期の資金状況

当期営業から生み出した資金		
運転資本増減にともなう資金		
その他		← CF 計算書より
設備投資 （売却分はプラス）		← CF 計算書より
その他		← CF 計算書より
返済原資 （フリー CF）		
＋）借入金増加		← CF 計算書より
−）借入金返済		← CF 計算書より
その他		← CF 計算書より
当期資金増減		
前期末資金残高		
当期末資金残		

変動損益計算書（5 期分）

科目		61 期 2019 年度	62 期 2020 年度	63 期 2021 年度	64 期 2022 年度	65 期（直前期）2023 年度
売上	売上高					
	売上高合計					
変動費	原材料費					
	外注費					
	消耗品費					
	運賃					
	など					
	変動費合計					
限界利益（粗利）						
平均限界利益率（粗利率）		5 期分の損益計算書を入手してここに入力				
固定費	製造人件費（労務費）					
	販管人件費	※ 売上高・販管費を変動費・固定費に分類しなおす				
	通信費					
	減価償却費（製造）					
	減価償却費（販管）					
	広告宣伝費					
	リース料					
	旅費交通費					
	修繕費					
	保険料					
	租税公課					
	など					
	固定費合計					
営業外	営業利益					
	営業外費用					
	営業外収益					
経常利益						
自己資本比率		%	%	%	%	%

運転資本の増減（5 期分）

		61 期 2019 年度	62 期 2020 年度	63 期 2021 年度	64 期 2022 年度	65 期（直前期）2023 年度
現金預金						
売上債権	受取手形					
	売掛金					
	売上債権合計					
棚卸資産	商品					
	製品					
	原材料	5 期分の貸借対照表を入手してここに入力				
	仕掛品					
	貯蔵品					
	棚卸資産合計					
買入債務	支払手形					
	買掛金					
	買入債務合計					

（3）差額分析・到達目標（必要売上・必要利益）

　クライアントの現状把握ができたら、次は作成しようとしている経営計画に必要な売上と利益を試算していく。ここで算定されるのはあくまでも概算値であって、具体的な計画を積み上げた数値ではない。この後に、積極戦略から具体的な計画を作り込んでいくための目標・目安になる売上・利益である。

　必要売上・利益シートには、前の現状把握シートにある直前期の数値がすでに自動入力されている。概算であるから主要項目だけを使えばよく、売上高、変動費、固定費、税引前利益、返済原資などが表示されている。

　シート（46ページ）の一番左に直前期の現状、そこから右に複数のシナリオを試算できるようになっている。どのシナリオも、増減の％だけを入力すれば、売上高以下の項目は自動計算される。

　直前期のすぐ右には、「リスクシナリオ」がある。リスクシナリオは何も行動を起こさなかった場合であり、最悪のケース、破局のシナリオを意味する。

　右から3つのシナリオ（47ページ）が改善案である。売上高だけを改善するケース、変動費だけを改善するケース、固定費だけを改善するケース。この3つのシナリオを使って、どの項目が利益に対してどれだけのインパクトがあるか、感覚をつかむことができる。

　最終的に必要な利益と返済原資を確保するように、売上高、変動費、固定費それぞれの増減を組み合わせて、「返済・成長投資可能目標」という目指すべきシナリオが完成する。

　「返済・成長投資可能目標」ができあがると、その下の表に、現状と必要額の差額が計算される。この差額の売上高と粗利を、これから作成する経営計画によって埋めていかなければならない。

　※46〜47ページ参照

（4）戦略マップ

　クロス SWOT シートには BSC の戦略マップが組み込まれている。戦略マップは、「財務の視点」「顧客の視点」「業務の視点」という 3 つの視点からなる（ここでは学習と成長の視点は割愛している）。

　3 つの視点それぞれに KSF（戦略目標）が設定され、業務の視点の KSF から顧客の視点の KSF、さらには財務の視点の KSF へと矢印がつながっていく。財務の視点の KSF は戦略の成果、顧客の視点と業務の視点はその成果を生み出す要因を表す。

　クロス SWOT 分析からは積極戦略が導き出される。この積極戦略をもとに戦略マップを作成していく。顧客の視点の KSF は、積極戦略で絞り込んだ顧客ニーズを満たすために提供すべき価値を短い言葉で表したものである。業務の視点の KSF は、その価値を提供するために磨き上げるべき業務を短い言葉で表したものである。

　顧客の視点と業務の視点の KSF は積極戦略ごとに異なるのに対して、財務の視点の KSF はすべての積極戦略に共通である。財務の視点の KSF は、「新規顧客の獲得」と「収益基盤の安定」という 2 つからなる。どちらの KSF も、必要であれば、その企業にふさわしい表現に変えてもよい。

　顧客の視点の KSF は、1 つの積極戦略に対して 1 つ設定すればよい。業務の視点の KSF も 1 つでよいが、磨き上げるべき業務がどうしても 2 つに分かれるときは、2 つ設定してもよい。

　戦略マップでは、KSF と KSF をつなぐ矢印が積極戦略のストーリーを表す。KSF を設定するときは、矢印のつながりが本当に実現するかどうかをよく考えながら設定していく必要がある。つながりがおかしいということは、ストーリーが成立していないということであり、もう一度、クロス SWOT を振り返り、積極戦略を見直す必要がある。

　※ 48 ～ 49 ページ参照

2 必要売上・利益

※直前期のデータをもとに、可能性のある3つのパターンでシミュレーションを行う。返済原資は決まっているが、売上、変動費、固定費をいろいろ可変することで、経営者にどこに注力すべきか意識してもらうため。
※最終的には、現状売上・粗利と必要売上・粗利との差額を確定し、経営計画用売上・粗利を決める。

	リスクシナリオ（破局のシナリオ）	返済・成長投資可能目標
売上高増減	%	%
変動費増減	%	%
固定費増減	%	%

現状（直前期）		
売上高		
変動費		
限界利益（粗利）		現状（直前期）に増減比率を
固定費		
営業外損益		
税引前利益		
減価償却費		
運転資本増減		
その他		
設備投資		
その他		
返済原資		

（中央列に「現状把握シートから」の注記）

返済・成長投資可能目標

	現状 (A)	必要額 (B)	差額 (B-A)
売上高			
変動費			
限界利益（粗利）			
固定費			
税引前利益			

売上高改善案	変動費改善案	固定費改善案
%	%	%
%	%	%
%	%	%
⬇	⬇	⬇

加味して計算される

経営計画用差額売上高

経営計画用差額粗利

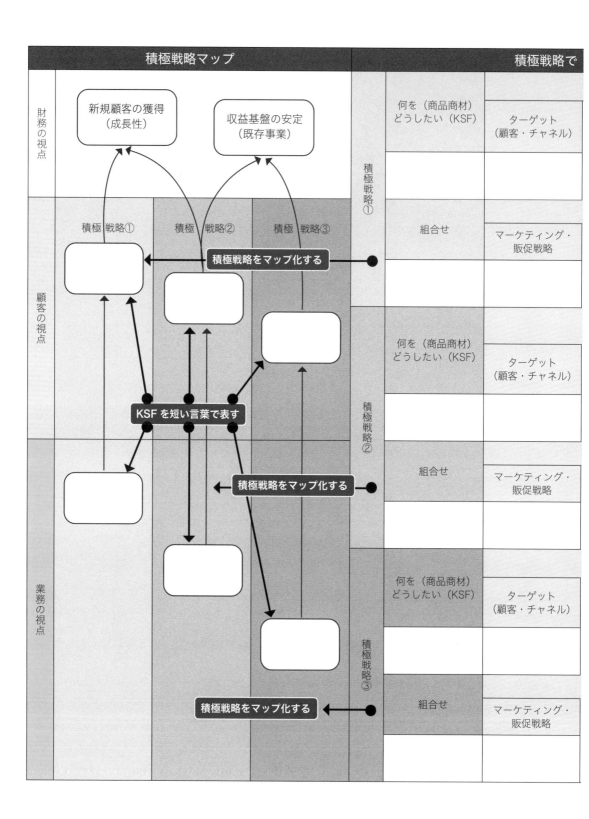

積極戦略マップ

	財務の視点			

新規顧客の獲得
（成長性）

収益基盤の安定
（既存事業）

積極戦略①

積極戦略②

積極戦略③

顧客の視点

積極戦略をマップ化する

KSFを短い言葉で表す

業務の視点

積極戦略をマップ化する

積極戦略をマップ化する

積極戦略で

何を（商品商材）どうしたい（KSF）	ターゲット（顧客・チャネル）
積極戦略①	
組合せ	マーケティング・販促戦略
何を（商品商材）どうしたい（KSF）	ターゲット（顧客・チャネル）
積極戦略②	
組合せ	マーケティング・販促戦略
何を（商品商材）どうしたい（KSF）	ターゲット（顧客・チャネル）
積極戦略③	
組合せ	マーケティング・販促戦略

すぐに取り組む具体策への展開

顧客の視点				業績予測
今後の具体的な ニーズ（買いたい 理由）	求める具体的な サービス・付加価 値・課題解決	顧客視点 KPI 1	顧客視点 KPI 2	売上・個数・粗利 率・粗利等

業務プロセスの視点				原価・経費予測
製造・構築の仕方	成果を出す社内体 制・組織・仕組み	業務プロセス視点 KPI1	業務プロセス視点 KPI2	掛かる設備投資、 原価、必要経費等

顧客の視点				業績予測
今後の具体的な ニーズ（買いたい 理由）	求める具体的な サービス・付加価 値・課題解決	顧客視点 KPI 1	顧客視点 KPI 2	売上・個数・粗利 率・粗利等

業務プロセスの視点				原価・経費予測
製造・構築の仕方	成果を出す社内体 制・組織・仕組み	業務プロセス視点 KPI1	業務プロセス視点 KPI2	掛かる設備投資、 原価、必要経費等

顧客の視点				業績予測
今後の具体的な ニーズ（買いたい 理由）	求める具体的な サービス・付加価 値・課題解決	顧客視点 KPI 1	顧客視点 KPI 2	売上・個数・粗利 率・粗利等

業務プロセスの視点				原価・経費予測
製造・構築の仕方	成果を出す社内体 制・組織・仕組み	業務プロセス視点 KPI1	業務プロセス視点 KPI2	掛かる設備投資、 原価、必要経費等

（5）クロス SWOT 分析

クロス SWOT 分析の詳細は Chapter 4 で解説。

（6）積極戦略シートに KSF・KPI 設定

積極戦略シートへの KSF・KPI 設定は Chapter 5 で解説。

（7）中期収支計画の策定

クロス SWOT 分析の「積極戦略」で生まれた顧客視点の KSF、業務プロセス視点の KSF を収入と支出に置き換える＝「おカネ化」をする。

「積極戦略」の検討時に戦略ごとに概算として「業績予測」「原価経費予測」を記載しているので、それをベースに記載する。

クロス SWOT 分析で生まれた新戦略ベースの「中期収支計画」を立てるときの「売上計画のポイント」は以下のとおりである。

- 既存売上（既存商品・既存顧客）は 3 か年平均の下落率、上昇率をベースに次年度以降を読む。
- 既存戦略のブラッシュアップ策は初年度低めに予想し、2 年目以降に増加する概算で行う。
- 新戦略は 2 年目以降に業績貢献する金額を予測する。

「原価・粗利計画のポイント」は以下のとおりである。

- 既存戦略の原価の変化や新戦略の原価の変化を「おカネ化」して記載
- 仕入、材料費調達価格の今後の推移
- 賃上げに伴う労務費の上昇予測
- 燃料コストの上昇予測
- 外注費の上昇予測
- 物流費の上昇予測

●その他粗利に影響する予測額

「経費計画のポイント」は以下のとおりである。

●新戦略に関係なく今後経費の増加と減少が予想される事項
- 人件費に賃金上昇を予想
- 従業員採用
- 定年による人件費減少
- 機械設備の買い替えによる減価償却費発生や修理費
- 燃料代、エネルギーコストの高止まり
- 物流費の上昇
- 終わる減価償却費の減少
- IT やロボット化設備などの減価償却費の発生
●新戦略に関連して今後増える経費の概要
- 新たに購入する機械設備などの減価償却費
- 新戦略に必要な人材確保の採用コストと人件費
- 新戦略に必要な広告関連経費
- 新戦略に必要なノウハウ指導料や研修費
- 新戦略に必要な物品の購入費（資産計上しないもの）

中期収支計画は「既存」と「新戦略」両面から手堅く見ていくのが基本である。
※ 52 ～ 53 ページ参照

クロス SWOT 分析の具体策連動 中期収支計画

科目	売上科目	商品または顧客	前年度 (2022 年)実績（千円）	今期（2023 年度）予想（千円）	来期（2024 年度）予想（千円）	再来期（2025 年度）の予想（千円）
売上	既存戦略					
	SWOT で生まれた新戦略					
	売上合計					
原価	原材料・仕入（売上原価）					
	労務費 (外注費)					
	その他製造経費(包装費、燃料費、償却費、修繕雑費)					
	原価計					
	粗利合計					
	粗利率					
一般・販売管理費	役員報酬(法定福利・福利厚生込)					
	人件費（法定福利・福利厚生込）					
	発送配達費					
	減価償却費					
	車両費					
	保険料					
	租税公課					
	通信交通費					
	雑費					
	広告宣伝費					
	研修費					
	リース料					
	販売管理費合計					
	営業利益					
	営業外支出					
	営業外収益					
	経常利益					

- 現在のビジネスモデルの売上科目を記載
- 既存商品、既存顧客が今後どのように推移していくか、厳しめに数値を予測する
- SWOTで生まれた新戦略の売上科目を記載
- SWOTで生まれた新戦略の売上をどこまで伸ばすか、「積極戦略シート」に書かれた数字をベースに記入する
- 既存戦略の原価の変化や新戦略の原価の変化を「おカネ化」して記載
  - 仕入、材料費調達価格の今後の推移
  - 賃上げに伴う労務費の上昇予測
  - 燃料コストの上昇予測
  - 外注費の上昇予測
  - 物流費の上昇予測
  - その他粗利に影響する予測額
- 既存戦略の原価の変化や新戦略の経費の変化を「おカネ化」して年度ごとに記載

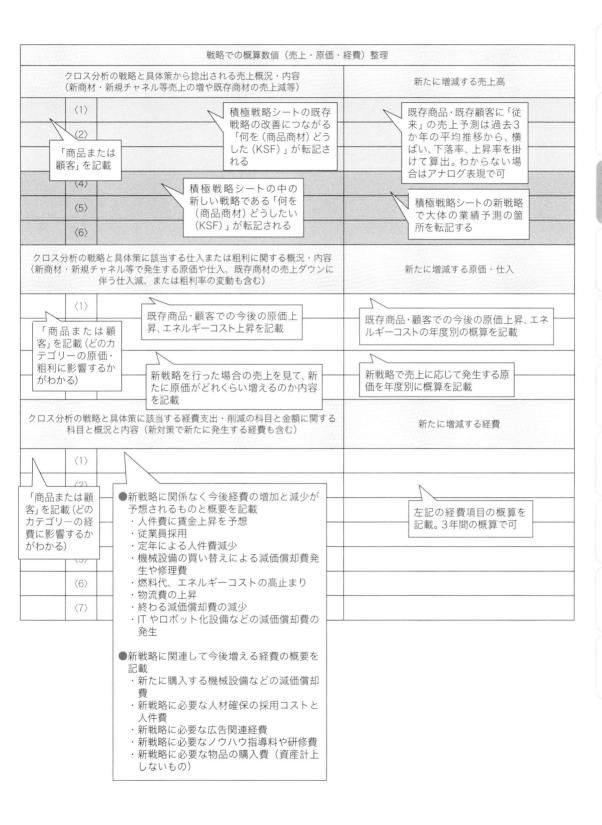

戦略での概算数値（売上・原価・経費）整理	
クロス分析の戦略と具体策から捻出される売上概況・内容 （新商材・新規チャネル等売上の増や既存商材の売上減等）	新たに増減する売上高

〈1〉　積極戦略シートの既存戦略の改善につながる「何を（商品商材）どうした（KSF）」が転記される

〈2〉　「商品または顧客」を記載

既存商品・既存顧客に「従来」の売上予測は過去3か年の平均推移から、横ばい、下落率、上昇率を掛けて算出。わからない場合はアナログ表現で可

〈4〉

〈5〉　積極戦略シートの中の新しい戦略である「何を（商品商材）どうしたい（KSF）」が転記される

積極戦略シートの新戦略で大体の業績予測の箇所を転記する

〈6〉

クロス分析の戦略と具体策に該当する仕入または粗利に関する概況・内容 （新商材・新規チャネル等で発生する原価や仕入、既存商材の売上ダウンに伴う仕入減、または粗利率の変動も含む）	新たに増減する原価・仕入

〈1〉

「商品または顧客」を記載（どのカテゴリーの原価・粗利に影響するかがわかる）

既存商品・顧客での今後の原価上昇、エネルギーコスト上昇を記載

既存商品・顧客での今後の原価上昇、エネルギーコストの年度別の概算を記載

新戦略を行った場合の売上を見て、新たに原価がどれくらい増えるのか内容を記載

新戦略で売上に応じて発生する原価を年度別に概算を記載

クロス分析の戦略と具体策に該当する経費支出・削減の科目と金額に関する科目と概況と内容（新対策で新たに発生する経費も含む）	新たに増減する経費

〈1〉

〈2〉

「商品または顧客」を記載（どのカテゴリーの経費に影響するかがわかる）

●新戦略に関係なく今後経費の増加と減少が予想されるものと概要を記載
・人件費に賃金上昇を予想
・従業員採用
・定年による人件費減少
・機械設備の買い替えによる減価償却費発生や修理費
・燃料代、エネルギーコストの高止まり
・物流費の上昇
・終わる減価償却費の減少
・IT やロボット化設備などの減価償却費の発生

左記の経費項目の概算を記載。3年間の概算で可

〈3〉

〈5〉

〈6〉

〈7〉

●新戦略に関連して今後増える経費の概要を記載
・新たに購入する機械設備などの減価償却費
・新戦略に必要な人材確保の採用コストと人件費
・新戦略に必要な広告関連経費
・新戦略に必要なノウハウ指導料や研修費
・新戦略に必要な物品の購入費（資産計上しないもの）

（8） KPI 監査モニタリング

　KPI 監査モニタリングは Chapter5「KPI 監査実務のフレームと流れ」を参照。

（9） アクションプランとモニタリング

　アクションプランとモニタリングではクロス SWOT 分析の「積極戦略」に書かれた、具体策の進捗状況を確認する。
　「顧客視点」「業務プロセス視点」の KPI の設定は行っており、すでに KPI 監査シートで「KPI 数値」のモニタリングは可能だ。
　ただ、その KPI を実行するため「行動内容」が詳細でない場合が多い。
　そこで、KPI を確実に進捗するための「アクションプラン」を作成し、そのモニタリングも行う。
　56 〜 57 ページの表のように「KPI 内容」までは「積極戦略シート」の記入済みだが、それを実行するための行動詳細を引っ張ってくる。
　アクションプランの「実施内容」はどう記載するか？　基本は「積極戦略」に記載している下記の各項目の詳細を行動化する。

- ●今後の具体的なニーズ（買いたい理由）
- ●求める具体的なサービス・付加価値・課題解決
- ●マーケティング・販促戦略
- ●製造・構築の仕方
- ●成果を出す社内体制・組織・仕組み

　ここに書かれた内容から固有名詞で具体的に行動内容を書き出す。
　行動内容が決まったら、「何月に何をする予定か」をアクションプランの右側の月予定箇所に記入。
　その後のモニタリングでは、原則 2 か月 1 回の KPI 監査モニタリングのときに、このアクションプランもモニタリングし、「結果」の欄に記入。
　KPI 監査シートのモニタリングで行動詳細までチェックしている場合、このアクションプラン・モニタリングは削除する場合もある。

5 シンプル BSC のまとめ

　シンプル BSC は何よりも戦略の実行に焦点を合わせたツールであり、3 つの
ステップで実践することができる。シンプル BSC を実践していくにあたって、
気をつけなければならないことが 3 つある。

- 形から入らない
- 小さく生んで大きく育てる
- シンプル・イズ・ベスト

　シンプル BSC は形から入らないことが重要である。顧客の視点の KSF しか考
えつかなかったときはそれでもよい（もちろん業務の視点だけでもよい）。KSF
に対し、KGI が見つからず、KPI だけになっていてもよい。

　シンプル BSC は小さく生んでも大きく育てられる。むしろ小さい成功を積み
重ねていくほうが、うまくいく可能性が高い。まずは 1 つの KPI だけから着手
するのでもよい。その KPI については着実に毎月の振り返りを行い、改善が見
られるようになってから KPI を増やしていく。シンプル BSC はシンプル・イズ・
ベストである。

KSF ➡ KPI ➡ アクションプラン

実施項目（何をどうする）	視点	KPI内容	実施内容	担当
	顧客視点			
	業務プロセス視点			
	顧客視点			
	業務プロセス視点			
	顧客視点			
	業務プロセス視点			
	顧客視点			
	業務プロセス視点			

予定	2024 年					
結果	1-2 月	3-4 月	5-6 月	7-8 月	9-10 月	11-12 月
予定						
結果						
予定						
結果						
予定						
結果						
予定						
結果						
予定						
結果						
予定						
結果						
予定						
結果						
予定						
結果						
予定						
結果						
予定						
結果						
予定						
結果						
予定						
結果						
予定						
結果						
予定						
結果						
予定						
結果						
予定						
結果						

memo

Chapter 4

クロスSWOT分析から導く 「強み」を活かした 経営改善計画

執筆：嶋田利広

1 どんな企業にも【強み】がある理由

「うちには特別な強みはないですよ」

「そんな差別化みたいなことがないから、苦労しているんです」

SWOT分析の検討会をすると、多くの企業でこんな回答が出てくる。そして、「よい点」＝「強み」と思い込んだ受講者からは

「うちは社員が明るいです」

「うちは事務所の4S（整理・整頓・清潔・清掃）が結構いいレベルです」

「うちは変な社員がいないからアットホームです」

などと、およそ「顧客の買う理由にならない」ことが出てくる。

挨拶や明るさ、4Sはその企業の「よい点」であることは間違いない。しかし、それが「顧客の買う理由」になるかというと、直結しにくいものだ。

「強み」は、今後マーケットの変化があるニッチ分野、特定の顧客層が喜ぶものでなければ、「強み」とは言えない。だが、多くの企業では、この「強み」を広く捉えすぎているように思える。

それはどういうことか？

誰からも評価されるようなことが「強み」と思い込んでいることである。いわゆる八方から好かれたいみたいな感じである。だが、そんな誰からも評価される「強み」を持っている中小企業や事業所は少数派である。

SWOT分析で重要な「強み分析」は、その企業が持っている資産、ノウハウ、サービス等のソフトウエア、スキル、技術が、特定の顧客層、特定のゾーンの市場から「買う理由」になることであれば、すべて「強み」である。

SWOT分析検討会で、ある質問をすると、「強み」の出方が大きく変化する。それは「このニーズの顧客だけが喜ぶ、御社の資源（資産、ノウハウ、サービス等のソフトウエア、スキル、技術）は何ですか？」との問いについてである。

「強み」の的が絞れないのは「機会分析」の幅が広がり過ぎた結果、「強み」もつかみどころがなくなり、見えなくなるからである。しかし、「機会分析」で、ニッチ（非常に限定されたニーズ）の市場や客層だけが、喜んで買う理由につな

Chapter
5

KPI 監査実務の
フレームと手順

執筆：嶋田利広

1 KGI ～ KSF ～ KPI の流れ

　KPI 監査を推奨していると、コンサルタントや税理士の方からよくこんな質問がくる。

　「KGI（重要目標達成指標）と KSF（重要成功要因）、KPI（重要業績指標）の関係をよく理解できていない。どう考えて、それぞれ紐づけしていけばいいのか？」

　ここで誤解が生じるのは、指標設定について Web 上の情報が錯綜していて、「何が正しいのかが不明」だからだ。そこで、中小零細企業の経営改善に KPI 監査を活用するうえで KGI、KSF、KPI の関係性とその内容についてポイントを解説していく。

（1）KGI（重要到達目標指標）は売上や利益ではない

　KGI を売上や利益、または部門利益などに入れてしまうケースがある。そうすると、KSF も KPI も抽象的な戦略や指標になる。KSF と KPI が抽象的で数値対策のイメージが湧かないと、モニタリングの際の議論が総花的になってしまうので、それを防ぐためにも、KGI を掘り下げることが必要である。

　KGI は、あくまで目標売上・目標利益につながる KGI にしなければならない。したがって、例えば「売上 5 億円、経常利益 1,000 万円」の経営計画なら、以下のようなことが KGI になる。

- 「売上 5 億円、経常利益 1,000 万円」を実現するために重要な「営業 KGI」は何か？ ── 例えば、A 商品のシェアやインストア・カバレッジ、代理店網羅数、新規取引先数、マーケット・チャネル別の顧客リスト数など、売上に直結する指標が KGI になる。
- 「売上 5 億円、経常利益 1,000 万円」を実現するために重要な「製造 KGI」は何か？ ── 例えば、外注に出している業務の内製化率やリードタイム短縮時間、価格アップ商品の付加価値と販売数、使用原材料の変更割合増加に

よる粗利改善、時間外業務削減数や労務費圧縮など、粗利確保につながる指標が「製造 KGI」になる。

（2）KSF（重要成功要因）は、「SWOT 分析」および「業績の公式」と「ボトルネック」から生まれる

上記のように、KGI 自体を具体的にしたほうが KSF が明確になる。

KGI を実現するために、KSF を掘り下げるには「SWOT 分析の積極戦略」から引き出してくるケースおよび、「業績の公式」から生まれるケース、「ボトルネック」から生まれるケースがある。それぞれ、議論の仕方が異なる。

❶「積極戦略」からの KSF の掘り下げ

自社の「具体的な強み」から「ニッチな市場などの機会」を掘り下げ、その掛け合わせから生まれる独自の「積極戦略」を KSF にする。例えば「営業 KGI」が「A 商品の B 地域での取引先数 200 社」とした場合、自社の「強み」とこの A 商品に関連することや購入する顧客、市場においてどんなニッチニーズがあるかを議論する。そして、その掛け合わせである「積極戦略」にはどんなプロモーションや仕掛け、営業展開がよいか、それを KSF として具体化する。

本書の「シンプル BSC」と「KPI 監査」では、KSF、KPI の設定は主として SWOT 分析から導き出している。

❷「業績の公式」からの KSF の掘り下げ

「業績の公式」は、この業界・業種なら、どのような掛け合わせで売上ができているのか、業界共通の慣習から設定していく方法である。

一般的には小売業の「売上の公式」の場合は単純明快である。

● 売上＝購入顧客数 × 単価

この購入顧客をさらに詳細化し（来店率、販促、リストフォローなど）、単価も主力商品、補完商品、アップセル、クロスセルなど、アイテムごとに詳細な内容に掘り下げる。

粗利なら、材料比率、外注率、労務費、現場経費や生産効率、ムダ削減などを

ベースに KSF を出していく。

「業績の公式」で KSF を設定すると、同じ業種の企業なら同じような「公式」になり、KPI の数値目標だけが違うことになる。

❸ボトルネックに対する「重点対策」からの KSF の掘り下げ

ボトルネックの課題に対して「重点対策」から入るケースである。一般的に KSF を作成するときに、ボトルネックや問題点の解決から入るケースが多い。だが、ボトルネックは「苦手な課題」「もともとの弱みが原因」あることなどから、即効性が難しい場合が多い。それでも「ボトルネック」から入るケースとして、以下の状況がある。

● 下請け比重が高く、自前の戦略が打ち出しにくい
● 自社開発、自社での顧客開拓、顧客管理ができない

などの場合は（主に製造業に多くなる）、ボトルネックから KSF を設定することがある。後述の「印刷会社の KPI 監査事例」は、このボトルネックからの KSF 設定に近い。

(3) KPI は、KSF の行動プロセスを指標化したもの

「SWOT 分析から出した KSF」「業績の公式から出した KSF」「ボトルネックからの KSF」であれ、それらの行動プロセスで数値化できるものを KPI に設定する。

KSF は具体的な戦略行動になっているので、その戦略行動を確実に推進するためには「特定行動プロセスの数値目標」が必要である。

わかりやすい例として、「ダイエット」を KGI、KSF、KPI にして解説する。

目標は 70 kg で、現在（75 kg）から 5 kg のダイエットだとする。そのための KGI が「運動によるカロリー制限」「食事制限によるカロリーコントロール」「基礎代謝アップによるカロリーコントロール」であり、各 KSF がその具体的な行動内容である。そして、KPI がその行動に対して、どんな数値目標を持つかを決めていく。ダイエットだとかなり厳しい KPI が並ぶが、そうでもしないと達成が難しいのがダイエットである。

KGI ～ KSF ～ KPI 体系図（ダイエット編）

氏名	○○○○様
担当	KO

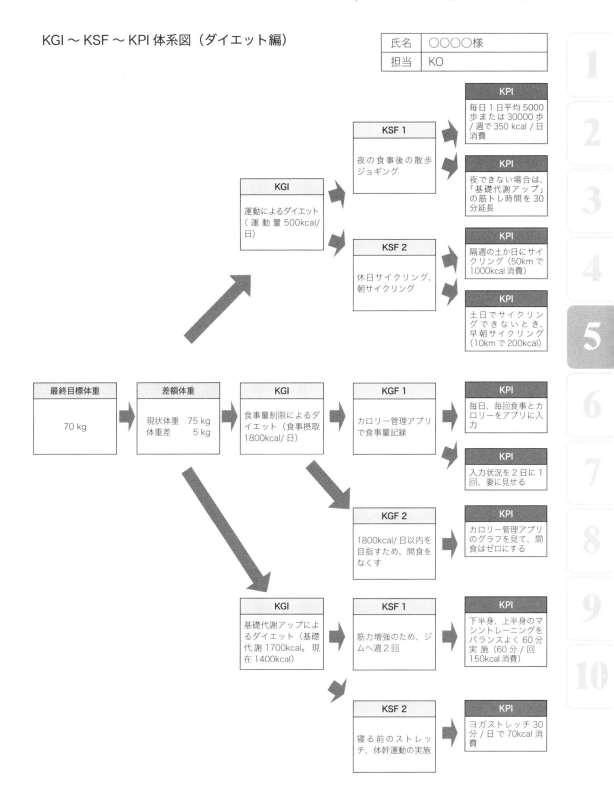

（4）企業事例の KGI 〜 KSF 〜 KPI 体系図

　ダイエットの KGI 〜 KSF 〜 KPI のフレームを、実際の企業にあてはめて体系化すると図のようになるだろう。
　この企業では差額売上と目標利益を稼ぐために、新規開拓とシェア、粗利の問

KGI 〜 KSF 〜 KPI 体系図（イメージ）

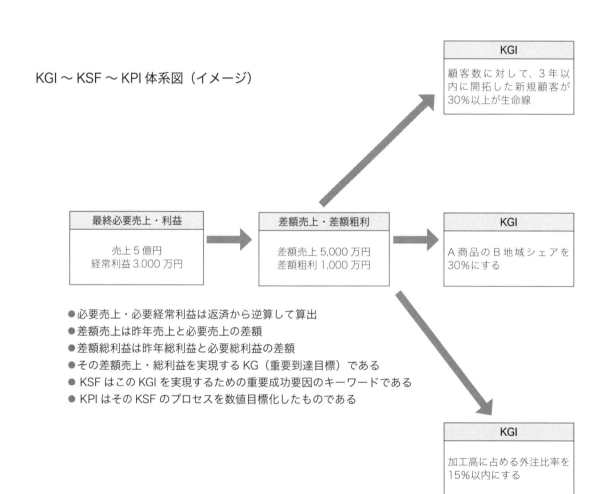

- ●必要売上・必要経常利益は返済から逆算して算出
- ●差額売上は昨年売上と必要売上の差額
- ●差額総利益は昨年総利益と必要総利益の差額
- ●その差額売上・総利益を実現する KG（重要到達目標）である
- ● KSF はこの KGI を実現するための重要成功要因のキーワードである
- ● KPI はその KSF のプロセスを数値目標化したものである

題箇所にフォーカスした。それぞれ、KGIには2つのKSFがあり、また各KSFには2つのKPIがある。このKPIを見ると、何をどう行動すべきか一目瞭然である。このKPIを達成することがそのままKGIを達成し、最終的には売上・利益目標にも大きく貢献することがわかる。

顧問先名	A社
担当	KO

KSF 1
展示会集客と会員登録を拡大する

KPI
顧客からの紹介新規先を営業部で、展示会前に10名以上の名簿収集

KPI
展示会名刺獲得50枚/回、メルマガ登録数20件以上/回

KSF 2
提携先と営業同行を増やす

KPI
提携先での営業勉強会、説明会回数…5回/月

KPI
提携先営業との新規客同行回数…30回/月

KSF 1
シェア拡大の新商品の開発

KPI
商品開発アイデア収集…10件/月

KPI
商品開発試作数…20品/年

KSF 2
旧製品でストアカバレッジ拡大

KPI
A商品B to C直販販売先登録数20名

KPI
A商品の特売取扱店舗…20店

KSF 1
外注先毎の事前工程数値管理の徹底

KPI
初期工程表順守率…70%以内

KPI
事前外注先手配率…80%確定

KSF 2
計画的別注品の予製の徹底

KPI
計画的予製別注品のライン外生産率…70%以上

KPI
年間計画での概算予製売上、3000万円以上

（5）KGI ～ KSF ～ KPI をクライアントからどう引き出すか

　ダイエットの事例は一般論として理解しやすいが、実際の企業の事例では、KGI の 3 つ、KSF の各 2 つ、KPI の各 2 つを引き出すことに以下のような疑問を感じるのではないか。

- こんな KSF、KPI のアイデアは出せない。
- どのようにしてそんな KSF、KPI を引き出すか。
- どんな質問なら、聞き出せるのか。
- どんなヒントを与えれば、聞き出せるのか。

　その答えは経営者、幹部から聞き出すコーチング質問につきる。コンサルタントや税理士から「こんな KSF、KPI がいいですよ」とアドバイスするのは極力控えたい。クライアント（経営者、幹部）がアイデアを出すように仕向けることが重要だ。そのときの重要な質問ワードが下記である。

- この KGI を実現するために、近道（即成果が出そうな対策）と思われるものを KSF として 2、3 点あげてください。
- この KGI を実現するために、時間がかかっても効果が大きい対策を 2、3 点あげてください。
- その KSF を実現するために、どんな具体的な行動が必要ですか？
- KSF の実行度がわかる行動を時間、数、％、個数で目標設定するとどんな感じになりますか？

　こんな表現の質問で深掘りしていくと、クライアントからいろいろ意見が出てくる。それに対して、「なぜそうなのか？」「もっと具体的に言うなら」「後から検証できる数値目標は何か」などを聞き出して、文字化・数値化していく。
　KGI、KSF、KPI のフレームを渡し「後は自分達で書いてください」とクライアントや顧問先に依頼しても、求める内容のものは返ってこないだろう。根掘り葉掘り、コーチング質問しながら聞き出していくから、「検証可能な具体的な KPI」が出てくるのである。

2 KPI 監査の実務

（1）シンプル BSC と KPI 監査の進め方

　本書のメインテーマである「シンプル BSC と KPI 監査」からの経営計画書では、クロス SWOT 分析で KSF と KPI 設定ができている。

　その KPI を監査するために、「KPI 監査モニタリングシート」がある。このシートでの「実施項目」「KPI 内容」「顧客視点」「業務プロセス視点」は、クロス SWOT 分析の「積極戦略」で記入済みであるので、そのままリンクされている。

　そして、各 KPI の責任者の名前があり、原則 2 か月に 1 回の「KPI 監査」によって KPI をチェックし、その結果に対しての現状課題と次回までの修正行動計画を決めていくのである。

❶「KPI 監査モニタリングシート」の作成

　シート左端の「実施内容」は、クロス SWOT 分析「積極戦略」の「何を（商品商材）どうしたい（KSF）」という箇所をそのまま転記している。

　その右側の「KPI 内容」は、同じく積極戦略の「顧客視点 KPI」「業務プロセス KPI」をそのまま転記している。

　そして、各 KPI に責任を持つ担当者を設定するが（ここではイニシャル）、これは経営者や議論に参加した幹部で担当責任者を決定する。その右側には「各月の計画と実績と対策記入欄」がある。各月の「計画」では、KPI の中身を見て数値目標を判断し、監査時に実績を記入する。例えば、以下のような事項である。

- 年間で達成するような目標なら毎月監査しても意味がないので、「四半期ごと」か「半期」単位に分けて KPI の数値を入れる。
- KPI の実施年度が翌年度なら、当該年度には書かず、翌年度から記入する。
- 毎月の計画は季節変動指数や繁忙期、閑散期で変更することもある。

KPI 監査モニタリングシート（Chapter 6 の事例より）

実施項目（何をどうする）	視点	KPI 内容	担当者	2023 年度 7-8 月 計画	実績	対策	9-10 月 計画	実績	対策
● 製糖マシンの製造能力をPRし、大手の受託金額と同じで、しかも配送コストが少ないことをアピール	顧客視点	● KPI：小規模調味料メーカー2026年までに西日本内で10件開拓	EY						
	顧客視点	● KPI：西日本4県JAへ天然甘味料製造の受託先2026年までに10件	EY、KU						
	業務プロセス視点	● KPI：各県小規模調味料メーカーへ見積提出数	KU	0	0	まず全国の業者リストが30社集まった（Webから）。DM内容が決まらない	4	1	DMの文案策定、Webのページ作成遅れて、1件送付。反応なし。
	業務プロセス視点	● KPI：各県JAで天然甘味料づくりの困りごと聞き出し数と提案書提出数	EY	0	0	近隣JA2件からヒアリング済み。企画書はまだ未作成	1	1	とりあえず近隣JAへ提案書提出。まだ反応なし
● 西日本全域内の菓子メーカー、パンメーカー、パンショップへ「砂糖不使用商品開発」を提案 ● 粒なし濃縮甘味料の製造	顧客視点	● KPI：新規取引数＝10件/年	EY	0	0	未行動	0	0	製菓パン業者リスト完成。提案書が10月完成予定
	業務プロセス視点	● KPI：提案書作成数と試作品数	KU	0	0	試作品は製造で作成中。まだ官能検査できず	2	1	試作品と提案書が1組完成。既存の取引先1社へ提出
● JA単協で女性部会からの天然甘味料と調味料でアウトソーシング	顧客視点	● KPI：西日本各県のJA婦人部のリスト先へDM数	KA	0	0		0	0	西日本のJAリスト作成。DM内容完成
	業務プロセス視点	● KPI：DM後のデモ試作数	KU	0	0		0	0	デモ用試作（プロトタイプ）1品完成
	業務プロセス視点	● KPI：天然甘味料・調味料のアウトソーシング関連動画配信数							
● 製造も協力して、地元中心にマネキンによる試飲会と特売の多頻度化	顧客視点	● KPI：量販店、道の駅等でのマネキンによる試飲会数	EY、KU	2	3	マネキン解禁顧客に提案。来月以降は他の店舗での提案	4	5	1店舗で2回実施したケースあり。
	顧客視点	● KPI：マネキンなくても量販店の特売島陳列の実施数	EY、KU	2	4	特売島陳列は前回から提案している所が予定通り実施	4	3	マネキンと島陳列が連動しない大手流通が多い
	業務プロセス視点	● KPI：マネキン販売時の顧客の声収集	EY	10	10	顧客の声は取りやすかった	20	24	意図的に聴くと答えてくれる消費者が多い（特に女性年配者）
● 「自社の濃い味調味料」ブランドシリーズで地元調味料を打ち出す	顧客視点	● KPI：特売スポット実施数	EY						
	業務プロセス視点	● KPI：地場コーナー設置数	EY						
● 加工調味料、食べる甘味料の新チャネルの販売	顧客視点	● アマゾン、楽天、ヤフーの通販小規模業者向けアタック数	EY						
	顧客視点	● 物産系、スポーツ問屋へのDMと電話回数							
	業務プロセス視点	● 展示会3日間でサンプル提供数＝500個	EY						
	業務プロセス視点	● 名刺への毎月メルマガ配信数							

| | 2024 年度 | | | | | | | | | | | | | | | | | | | |
| 11-12月 | | | 1-2月 | | | 3-4月 | | | 5-6月 | | | 7-8月 | | | 9-10月 | | | 11-12月 | | |
計画	実績	対策	計画	実績	対策	計画	実績	対策	計画	実績	対策	計画	実績	対策	計画	実績	対策	計画	実績	対策
4			4			4			4			4			4			4		
0			2			2			2			2			2			2		
2			2			2			2			2			2			2		
2			2			2			2			2			2			2		
1			2			2			2			2			2			2		
			2			2			2			2			2			2		
4			4			4			4			4			4			4		
4			4			4			4			4			4			4		
20			20			20			20			20			20			20		

❷ KPI監査で、「直接モニタリング」をする場合

コンサルタントや税理士がKPI監査する場合、2つのやり方がある。

その1つは「直接モニタリング」である。小規模企業の場合は、「業績検討会議」をコンサルタントや税理士が主導し、直接ヒアリングしながら「結果」を聞き、対策を記入する。

進め方としては、PCディスプレイやプロジェクターを用意し、コンサルタント・税理士がノートPCに用意したExcelシートをプロジェクターなどに投影し、そのままヒアリングしながら入力する。

その場合、司会と書記はコンサルタント・税理士が行う形が「主導的KPI監査」である。特に「対策欄」の記入では、以下の工夫が必要である。

- KPIが達成したら、その結果枠には緑を、未達なら赤と、後から見てわかりやすくする。
- 実績が目標に行かなかった具体的原因を箇条書きに書く。
- 次回監査までに、誰が、何を、いつまでに、どんなものを、どのようにして用意し、どのような行動結果を出すかを聞き出し、箇条書きにする。
- Excelの枠が多少大きくなってもよい（紙なら限界があるがExcelなら限界はない）。

KPIの数にもよるが、コンサルタント・税理士主導で行う場合、最低2時間程度はしっかり議論をしたい。

❸ KPI監査で、「結果モニタリング」をする場合

これは少し企業規模が大きく、KPIも部門に分かれていたり、コンサルタント・税理士が主導的にできず、クライアント側でPDCAを回すケースである。

この場合、クライアントが自ら行ったKPI監査モニタリングシートの達成・未達の色（色を付ける）を見て、対策コメントを発表してもらい、それに対してコメントや課題を提案することになる。

ここで大事な質問は「なぜ達成されたのか」「なぜ達成しなかったのか」「翌月達成するため対策欄の行動計画の現実性」を聞き出す。特に「今月達成できなかったKPIが来月達成できる根拠の行動」はしっかり発表させる。基本的に部門数とKPI数を絞り込む。

ただし、この「間接的な KPI 監査」だけを続けると、KPI 監査契約がすぐに解約されてしまう。

そこで間接的な KPI 監査では、その後経営者と「個別面談」を必ず行う。各部門の KPI 監査の課題や経営者の悩みを聞くために、しっかりコミュニケーションをとる必要がある。

❹何回も KPI が達成されない場合

直接的な KPI 監査でも間接的な KPI 監査でも、「毎回のチェックで赤（未達）が続く」場合がある。

これは KPI の行動内容が合っていないのか、他の忙しい事案の影響で KPI 達成の行動ができていないのかに分かれる。

そこでの判断は以下の観点から決める。

- 他の KPI は飛ばして、赤の KPI につながる行動内容を深く検討する（できない理由を塗り潰す議論をする）。
- KPI 設定が現実的でないなら、設定目標を議論したうえで変更する。
- 当面、この KPI の行動ができないなら、保留で棚上げし、毎回の KPI 監査から外す。

特に人が辞めたり、業務負担が大きく変わると KPI も変わることがある。そのあたりは当初決めた KPI に固執せず、柔軟に対応することが必要である。

(2) 汎用タイプの 10 の質問から KSF を聞き出し、KPI 設定と KPI 監査を進める

今回のシンプル BSC とクロス SWOT 分析から KPI 設定につなげる流れではなく、汎用版としてクライアントの課題から KSF を見出し、そのまま KPI 監査に誘導していくという普通の進め方である。

❶ 10 の質問で経営者から「課題」を聞き出す

経営者や幹部に対して、下記の「売上に関する質問 5 つ」「利益に関する質問 5 つ」を行い、何が KSF になるかのヒントを探る。

■売上に関する質問

KSF を聞き出すヒント		ヒントの内容・聞き出すポイント
1	各商品の中で、一番短期間で業績貢献できる商品とその目標は何か	キャンペーンなどで、重点商品にして販売結果が出やすいものは何か。また、季節商品、在庫商品で値段勝負できるものを対象。値段勝負できるなら、新規開拓に使える。
2	ボリュームゾーンの顧客（担当）をどう強化し、どのような目標を設定したら、3か月で変化するか	ボリュームゾーンとは、一番売れている商品、売れている顧客層を指す。すでに売れている、認知度の高い商品や顧客に対して、どんなアプローチや提案、販促を仕掛ければ、売上増が可能かを聞き出す。
3	既存客では、どの客層、地域などを集中的に営業をかければよいか（目標）	営業地域がばらついていたり、顧客層がバラバラでも、貢献度の高い地域や顧客層がいるはずだ。そこに期間キャンペーンとして、どんな集中営業を掛ければ、既存客の掘り起こしが可能かを聞き出す。
4	休眠開拓やBCランク客へ、どんな商材でアプローチすれば可能性が広がるか（目標）	過去にお付き合いがあった顧客で、今は何らかの理由でご無沙汰している休眠客に、再アプローチするにはどんな商材でどんな売り方が妥当かを聞き出す。またB客、C客別のインサイドセールスやFAX、DMなどのツールを使って、掘り起こしをするのは、どんな商材がいいかを聞き出す。
5	新規開拓の成果を上げるには、どういう作戦をし、どんな目標を設定したらよいか	新規開拓が停滞していたら、そのうちじり貧になる。どの地域の新規を優先的に狙うか、どの業種に集中するかを決め、そこにどんな商材や売り方をすれば、新規開拓が進むかを聞き出す。

❷課題をそのままKSFにし、KPI設定

聞き出した課題をKSFとKPIを設定したKPIモニタリングシートに記入する（122〜123ページ参照）。

このシートには、KSFの売上・利益のヒントも掲載し、前述のヒント内容を見ながら、先方と議論して記入していく。

■利益に関する質問

KSF を聞き出すヒント		ヒントの内容・聞き出すポイント
1	粗利を改善するために、どんな商品、どんな顧客に、どのように価格を変えるべきか	粗利を悪くしている製品または顧客を列挙し、それぞれの価格改善の仕方や段階的な価格変更はどうすべきか聞き出す。競合が激しく価格改善がそのまま受注ダウンになる可能性があるので、主力以外から攻めるのも1つである。
2	利益率を改善するために、どんな原価（材料、外注、労務費、現場経費）対策をとるか	利益率が悪い理由を原価の科目別に聞き出し、それぞれに原価率改善のアイデアを聞き出す。 ●原材料＝3社見積2社購買の徹底、原価を下げる業者交渉、ムダな原材料の発注や管理状況の徹底、生産計画と購買の調整 ●外注費＝工程表の早期化、生産管理の徹底、内製化率のバランス、外注価格の再確認、技能者の育成 ●労務費＝計画的に時間外の削減、残業時間の平準化、正味作業時間対策 ●現場経費＝水道光熱費の管理等
3	効率化、手直し、品質の改善のために、どんな対策をとれば利益率改善につながるか	時間当たり作業量、1人当たり作業量を上げるために必要な具体策を聞き出す。また、手直しや再作業が頻回している作業項目やその理由、そこにどんな対策をすれば、その回数が減らせるかも聞き出す。
4	どの経費をどうコントロールすれば、コスト削減になるか	販売管理費の中で、どの科目を管理すればコスト削減と営業利益貢献になるかを聞き出す。ただし経費の効果性と生産性とのバランスも聞き出し、単なる経費削減チェックだけにならないようにする。
5	残業、時間外を減らすために何を、どんな目標ですればよいか	人件費の時間外削減と業務効率を上げるために必要な具体策を書き出す。どの部門のどんな作業が時間外につながっているのか、単に人を増やせば済むことではなく、現有人員でできる対策やポイントを聞き出す。

KPI 監査モニタリング

1	KSF とは、Key Success Factor の略で「重要成功要因」と呼ばれる、業績の公式を指す
2	KPI とは、Key Performance Indicator の略で「重要業績指標」と呼ばれる
3	売上、利益、KGI の目標を必達するために、必要な行動プロセスを指標化したもの
4	KPI の数値が改善されれば、おのずと売上、利益が上がる
5	監査時に、KPI の状況を毎回チェックし、具体策を経営者と一緒に作り出すことを「KPI 監査」と呼ぶ
6	毎月、目標と結果を確認し、次月にどういう対策をするか、対策欄に記入する
7	来期の経営計画作成時の具体策やアクションプランに活用する

	KSF を聞き
1	各商品の中で、一番短期間で業績貢献できる商品と目標は何か
2	ボリュームゾーンの顧客（担当）をどう強化し、目標にしたら、3 か月で変化するか
3	既存客では、どの客層、地域などを集中的に営業（目標）すればよいか
4	休眠開拓や BC ランク客に、どんな商材でアプローチし、目標設定すれば可能性が広がるか
5	新規開拓の成果を上げるには、どういう作戦と目標にしたらよいか

		KPI 項目	予実	9月	10月
売上			目標		
			結果		
			対策		
			目標		
			結果		
			対策		
			目標		
			結果		
			対策		
利益			目標		
			結果		
			対策		
			目標		
			結果		
			対策		
			目標		
			結果		
			対策		

顧問先名	
担当者	

モニタリングする KSF（業績の公式）	
売上	
利益	

出すヒント	
6	粗利を改善するために、どんな商品、どんな顧客に、どんな価格にすべきか
7	利益率を変えるため、どんな原価（材料、外注、労務費、現場経費）対策をとるか
8	効率化し、手直し、品質の改善のために、どんな対策をとればよいか
9	どの経費をどうコントロールすれば、コスト削減になるか
10	残業、時間外を減らすために、何をどんな目標にすればよいか

11月	12月	1月	2月

（3）ボトルネックからの KPI 設定と KPI 監査の進め方

　ボトルネックとは、「全体の結果に影響するレベルの要因であり、最も問題視される箇所」である。一般的には「一番の課題」だと認識されている場合が多い。

KPI 目標設定シート

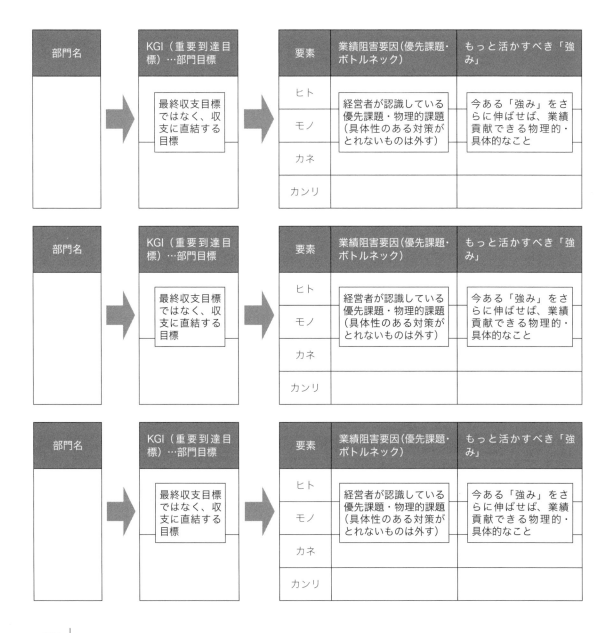

　瓶の首が細くなっている部分を指す「bottleneck」に由来し、ワークフロー（業務の一連の流れ）の中で、業務の停滞や生産性の低下を招いている工程・箇所を指す。ある箇所がしっかり生産しても、ネック箇所がある限り、そこで生産が減速し、結果が出ないことである。したがって、どの企業もボトルネックになっている問題を解決すると、生産性が向上するわけである。

会社名		作成者	
作成日			

重要成功要因（KSF）…KGIを決める具体的な行動要素		KPI（KSF の行動指標化）	KPI 基準指標・目標指標
	ボトルネックや強み伸張箇所から、KGI達成に有効な KSF を選択。複数でも可	KSF を具体的に進捗させる行動プロセスの目標を設定（とりあえず月間で行動チェックができることを優先する）	経営者、幹部が考える「これくらいやってほしい」という基準を設定

重要成功要因（KSF）…KGIを決める具体的な行動要素		KPI（KSF の行動指標化）	KPI 基準指標・目標指標
	ボトルネックや強み伸張箇所から、KGI達成に有効な KSF を選択。複数でも可	KSF を具体的に進捗させる行動プロセスの目標を設定（とりあえず月間で行動チェックができることを優先する）	経営者、幹部が考える「これくらいやってほしい」という基準を設定

重要成功要因（KSF）…KGIを決める具体的な行動要素		KPI（KSF の行動指標化）	KPI 基準指標・目標指標
	ボトルネックや強み伸張箇所から、KGI達成に有効な KSF を選択。複数でも可	KSF を具体的に進捗させる行動プロセスの目標を設定（とりあえず月間で行動チェックができることを優先する）	経営者、幹部が考える「これくらいやってほしい」という基準を設定

このシートでは、各部門のKGI（売上・利益の手前の最終到達目標）を決め、ヒト・モノ・カネ・カンリの各要素で実際に起こっている具体的な「業績阻害要因＝ボトルネック」を聞き出し、ボトルネックの解決に貢献する「今ある強み」を整理し、その「強み」を活かして業績阻害要因を改善するKSFを決めていく。

KPI 監査シート

部門名	KPI（KSFの行動指標化）	KPI 基準指標・目標指標	主な行動と行動プロセス	○○○○年	
				目標	結果
			左記KPIを達成するために、必須の行動やその段取りの主要キーワードを記載。右記の経過対策はそれに沿った中身になる	KPIの基準指標に沿うが、初期は少し低めに設定。2回目3回目から通常指標で設定	

部門名	KPI（KSFの行動指標化）	KPI 基準指標・目標指標	主な行動と行動プロセス	○○○○年	
				目標	結果
			左記KPIを達成するために、必須の行動やその段取りの主要キーワードを記載。右記の経過対策はそれに沿った中身になる	KPIの基準指標に沿うが、初期は少し低めに設定。2回目3回目から通常指標で設定	

部門名	KPI（KSFの行動指標化）	KPI 基準指標・目標指標	主な行動と行動プロセス	○○○○年	
				目標	結果
			左記KPIを達成するために、必須の行動やその段取りの主要キーワードを記載。右記の経過対策はそれに沿った中身になる	KPIの基準指標に沿うが、初期は少し低めに設定。2回目3回目から通常指標で設定	

KSF が決まれば、それに沿った KPI につながる行動目標を決めて KPI を設定していく。

後に、下記のフレームにより KPI 監査とアクションプラン監査を行い、その結果を記入していく。KPI 監査のやり方は原則同じである。

| KPI 監査は 2 か月に 1 回をベースにする | 会社名 | | 作成者 | |
| | 作成日 | | | |

1月～2月			○○○○年3月～4月			○○○○年5月～6月		
経過・対策	目標	結果	経過・対策	目標	結果	経過・対策		

モニタリング時に、主要行動の結果、目標達成ならその理由とさらなる NEXT 対策、未達ならその理由と NEXT 対策を記入

KPI の基準指標に沿うが、初期は少し低めに設定。2回目3回目から通常指標で設定

モニタリング時に、主要行動の結果、目標達成ならその理由とさらなる NEXT 対策、未達ならその理由と NEXT 対策を記入

KPI の基準指標に沿うが、初期は少し低めに設定。2回目3回目から通常指標で設定

モニタリング時に、主要行動の結果、目標達成ならその理由とさらなる NEXT 対策、未達ならその理由と NEXT 対策を記入

―			―			―		
経過・対策	目標	結果	経過・対策	目標	結果	経過・対策		

モニタリング時に、主要行動の結果、目標達成ならその理由とさらなる NEXT 対策、未達ならその理由と NEXT 対策を記入

KPI の基準指標に沿うが、初期は少し低めに設定。2回目3回目から通常指標で設定

モニタリング時に、主要行動の結果、目標達成ならその理由とさらなる NEXT 対策、未達ならその理由と NEXT 対策を記入

KPI の基準指標に沿うが、初期は少し低めに設定。2回目3回目から通常指標で設定

モニタリング時に、主要行動の結果、目標達成ならその理由とさらなる NEXT 対策、未達ならその理由と NEXT 対策を記入

―			―			―		
経過・対策	目標	結果	経過・対策	目標	結果	経過・対策		

モニタリング時に、主要行動の結果、目標達成ならその理由とさらなる NEXT 対策、未達ならその理由と NEXT 対策を記入

KPI の基準指標に沿うが、初期は少し低めに設定。2回目3回目から通常指標で設定

モニタリング時に、主要行動の結果、目標達成ならその理由とさらなる NEXT 対策、未達ならその理由と NEXT 対策を記入

KPI の基準指標に沿うが、初期は少し低めに設定。2回目3回目から通常指標で設定

モニタリング時に、主要行動の結果、目標達成ならその理由とさらなる NEXT 対策、未達ならその理由と NEXT 対策を記入

127

（4）印刷会社での汎用 KPI 監査事例

汎用版 KPI 監査の実際の書き方を印刷会社のケースで解説する。

KPI 監査モニタリング

1	KSF とは、Key Success Factor の略で「重要成功要因」と呼ばれる、業績の公式を指す
2	KPI とは、Key Performance Indicator の略で「重要業績指標」と呼ばれる
3	売上、利益、KGI の目標を必達するために、必要な行動プロセスを指標化したもの
4	KPI の数値が改善されれば、おのずと売上、利益が上がる
5	監査時に、KPI の状況を毎回チェックし、具体策を経営者と一緒に作り出すことを「KPI 監査」と呼ぶ
6	毎月、目標と結果を確認し、次月にどういう対策をするか、対策欄に記入する
7	来期の経営計画作成時の具体策やアクションプランに活用する

KSF を聞き

1	各商品の中で、一番短期間で業績貢献できる商品と目標は何か
2	ボリュームゾーンの顧客（担当）をどう強化し、目標にしたら、3 か月で変化するか
3	既存客では、どの客層、地域などを集中的に営業（目標）すればよいか
4	休眠開拓や BC ランク客に、どんな商材でアプローチし、目標設定すれば可能性が広がるか
5	新規開拓の成果を上げるには、どういう作戦と目標にしたらよいか

		KPI 項目	予実	9月	10月
売上	1	地元ニュース広告枠の新規開拓面談数（見積書提出数）	目標	10	10
			結果	8	10
			対策		
	2	ホームページ通販事業者への提案メール件数	目標	30	30
			結果		
			対策		
	3	企画書付見積書提出数、データベース化数	目標	5	5
			結果		
利益	1	下版の時間内提出率	目標	15	15
			結果		
			対策		
	2	輪転機空き時間	目標	20	20
			結果		
			対策		
	3	ムダ紙購入率（間紙購入費 / 社内加工高）	目標	1%	1%
			結果		
			対策		

顧問先名	○○印刷
担当者	・・・・

モニタリングする KSF（業績の公式）	
売上	地元ニュース広告枠の新規開拓面談数（見積書提出数）
	ホームページ通販事業者への提案メール件数
	企画書付見積提出数、データベース化数
	輪転機空き時間穴埋め件数と売上
利益	下版の時間内提出率
	輪転機空き時間
	ムダ紙購入率

出すヒント	
6	粗利を改善するために、どんな商品、どんな顧客に、どんな価格にすべきか
7	利益率を変えるため、どんな原価（材料、外注、労務費、現場経費）対策をとるか
8	効率化し、手直し、品質の改善のために、どんな対策をとればよいか
9	どの経費をどうコントロールすれば、コスト削減になるか
10	残業、時間外を減らすために、何をどんな目標にすればよいか

11月	12月	1月	2月
15	15	8	8
30	30	30	30
5	5	5	5
8	20	20	20
10	5	20	20
1%	3%	1%	1%

この印刷会社では独自のフリーペーパーを持っていることから、「売上 KSF」は、いかに新規受注し、広告枠を埋めていくか、その件数を増やすことが最初の KSF であった。

また、ネット通販を行う小規模事業者を開拓し、「商品配送時のパンフやチラシなどの同梱印刷物」を受注するため、ネット通販事業を展開する小規模事業者を検索で見つけ、メールや提案書を発送する件数が 2 番目の KSF として設定された。

利益については、営業からスタートして、制作〜下版（印刷へ回す前までの校正などの作業）の時間が予想以上にかかっていて、印刷待ち時間や他の予定案件の工程の狂いなどで製造コストが増えるという課題が最初に挙がった。

他にも数個の KSF が挙がったが、それに対して KSF と KPI の定義を決めて、モニタリングを行った。

実際の KPI 監査モニタリングでは、一つひとつの KPI の達成状況とその後の行動具体策を詳細に詰めることで、実行率が飛躍的に高まった。

次ページの表は、KPI 監査でのアクションプランの監査の議事結果である。

赤文字が KPI での行動結果のファクト（事実）である。その下の黒文字が次月以降の具体策を固有名詞で議論したものを記載している。

ここで大事なことは、「今月 KPI が未達なら、次月には新たな対策や新たな徹底方法を具体的に出す」ことである。そうしないと、「今月と同じ来月」を迎えることになる。

この議論もコンサルタント・税理士はヒントを与えながら、クライアントに考えさせ、当事者が解決策を言い出すように仕向ける「コーチング技術」が重要になってくる。

アクションプラン監査での「対策欄」の書き方（例）

		KPI項目	予実	9月	10月
売上	1	地元ニュース広告枠の新規開拓面談数（見積書提出数）	目標	10	10
			結果	8	10
			対策	(1) 既存客リストから、9月に5件の新規紹介訪問と10件の休眠先へ訪問 (2) 見積まで行ったのが8件 (3) 広告効果に疑問があるという声が4件あった (4) 次月（10月1日から）は「地域の反応別に広告効果を数値で表したデータ」一覧を作成し再度訪問する（作成は部長）	(1)「地域の反応別に広告効果を数値で表したデータ」表の作成が遅れ、見せたのは10件に留まる (2)10件のうち休眠と新規で、反応があった (3) ある新規先から「お試し記事掲載」みたいなものを提案される (4)「お試し記事掲載」を10月20日からPR開始（作成は部長）
	2	ホームページ通販事業者への提案メール件数	目標	30	30
			結果	18	28
			対策	(1) この地域で通販をしている業者が少なく、リストが増えない (2) 10月から地域をA県、B県まで増やしてメールを送る (3) 9月30日までに、AB県のリストアップと見込み客データに追記（A課長）	(1) AB県へ増やしてメールした結果、問い合わせが3件あった (2) 問い合わせ後訪問したが、サンプルパッケージが少なく、BtoCのイメージサンプルを増やす必要がある (3) 10月20日までに「BtoCの5業種のサンプルを作成」（部長）して、再度持参する

memo

SWOT分析&シンプルBSC を活用した 経営計画とKPI 監査

《事例 1　食品製造業》

執筆：嶋田利広

事例 1 食品製造業

《事例企業の概況》

　Ｆ社は九州で創業50年を超える調味料と乾燥野菜を製造販売するメーカーである。調味料は天然甘味料を得意として、「砂糖不使用」で差別化して、量販店や食品メーカー、製菓製パン業者、地元飲食店、医療介護の給食業者へ販売している。

　乾燥野菜は栄養成分を保持したまま長期保存が可能で、量販店（スーパーマーケットやディスカウントストア、ドラッグストアなど）をはじめ、インスタント麺メーカーとの取引も多い。近年は大手の仲介問屋の関東圏への営業強化や輸出強化に合わせ、積極的に営業展開している。

　売上高6億5,000万円、経常利益3,500万円前後を維持している。ここ十数年、営業利益率が平均6％程度出ているが、過去の債務超過を埋めるために設備投資は必要最小限とし、社員の給与総額も少し抑えていた。しかし、2年前に債務超過も解消し、今後の成長戦略や設備投資、人材採用などに相応の投資をする素地ができた状態だ。

　生産は、本社工場に2つの生産ラインがあり、第1食品事業部で「調味料・甘味料」と、第2食品事業部で「乾燥野菜」を製造している。

　営業は3課制をとり、地域量販店担当の営業が調味料、乾燥野菜を受け持っている。乾燥野菜は関東・関西の問屋との取引が圧倒的に多いが、営業部員が直接、関東や関西の量販店や食品メーカーに訪問することは少ない。

　ただ、社長が専務時代に関東・関西の問屋開拓、食品メーカー開拓をローラー作戦で行った成果が今でも継続し、主要食品問屋や食品メーカーとの取引が維持されている。

　昨今は営業部員の入退社が繰り返され、営業力が弱くなり、「ライバルとの競合で『売り負け』している」状態が続いていて、営業部のテコ入れも喫緊の課題だが、そうそう即戦力が採用できる環境でもない。

　人材としては、後継者が入社して事業承継の過渡期にあり、戦略的な営業展開ができる状態になったばかりである。後継者の考え方もあり、人海戦術の営業力依存ではなく、問屋網の再活用、商品自体の可能性PRなどの営業戦略で業績向上を狙う必要に迫られている。

　一方、顧客側の量販店では、同業との競争や量販店の厳しい要求などで、以前ほど粗利がとれない状態だ。そこで値付けを見直すため、製品のリニューアルを行い、バイヤーへの提案を行っている。

　上記のような業況のなかで、コロナ禍とウクライナ戦争、円安などによる原料資材の高騰で、多少は値上げできても、さらに原料高が続き、利益率が改善どころか悪化している状況である。

　また、B to Bビジネスにおいて相当な数量が見込めても単価がまったく合わないケースも増えた。大手ライバルのように生産ラインが自動化されているわけではないので製造コストを安くできず、したがって「少量生産中価格」という顧客層がターゲットになる。低コストを要求するようなB to Bの取引先とは定番化、リピート化ができず、スポット商品取引で終わることも多い。

　仕事の依頼があっても、すぐに利益につながる取引になれない「痛しかゆし」の状況である。

《KPI監査に取り組む理由》

　筆者と該当企業とは十数年来のお付き合いであり、経営顧問として毎月経営戦略会議に参加し、モニタリングや随時の戦略立案、そして毎年「経営計画書作成支援」をしている。

　私は、後継者が入社したことで、改めて「会社の現状分析と今後の戦略、中期経営計画」を後継者も交え、ニュートラルな視点で作成してはどうかと提案し、経営者も賛同した。

　そこで、今回の経営計画が毎年作成しているものとどう違うかをパワーポイントで資料を作成し、プロジェクターに投影して説明した。

　実際に何が違うのか？

　まず、「バランス・スコアカード（BSC）の考え、特に『顧客の視点』『業務プロセスの視点』を注視し、KSF（重要成功要因）、KPI（重要業績指標）を設定し、それに沿ったモニタリングを行う」ことを説明した。KSFを出

すためにはマーケティング戦略立案ツールである「クロスSWOT分析」を使い「根拠ある経営計画書」にすることが必須だった。

　今までの「こうありたい」「こうしたらどうか」「こうあらねばならない」といった思いつき型・必然型の経営計画ではなく、「状況を論理的に分析して、根拠のある経営計画」に仕上げることである。

　そのためにどういうプロセスが必要かを説明すると、経営者に「後継者も入社してきたので、自社の経営資源を再度洗い直し、ロジカルに中期の経営計画を立てることは意味がある」と納得してもらった。

　そこで改めて「KPI監査を伴う経営計画」が必要な理由を整理すると、次のようになる。

❶後継者が入社したタイミングで、会社の経営資源を再分析し、自社の今後の営業戦略を整理する必要がある。

❷第1食品、第2食品事業部とはまったく異なる商品構成での重点営業対策があいまいで、若手営業部員からも営業手法の統一が求められた。

❸ここ数年営業責任者が育っておらず、その結果、正しい営業形態を教えられないまま、新人営業が無手勝流で中堅営業になり、彼がまた新人を教えるというように、営業ノウハウの継承ができていない。

❹経営者が67歳になり、将来の事業承継を考えると、今のうちに将来に向けた経営戦略を策定し、安定受注先を確保しておきたい。

❺売上アップに努力しても、ここ数年計画比・前年比マイナスが続き、次の仕掛けもできていない状態。せめて営業プロセスを検証して改善策を講じたい。今年がダメでもその仕掛けが来年の可能性につながる。

❻営業や生産部門の責任者の評価を結果評価だけでなく、KPIでも評価することで「結果が出なくてすぐ諦める体質」を変えたい。

　上記のような考えが経営者にあったようである。だから、今回のKPI監査ベースの経営計画書作成には諸手を挙げて賛同したのである。

（1）現状把握

　この企業では過去3年間、なだらかな減収減益状態が続いている。その要因は、主力商品の第1食品事業部の前年割れが続き、かわって第2食品事業部が堅調に推移しているものの第1食品の減収を補いきれていないからである。

　経常利益率でいえば、過去3年は5％台と決して悪い数値ではないが、過去の累積損失を一掃したばかりで利益剰余金が少ないことから、何とか8％台を出すべく努力している。また、売上は微減ながら、受取手形が増え、買入債務も微増していることから、運転資本は上昇し、つなぎ資金は増える傾向である。

直前期の損益状況　　　　　　　　　　　　　　　　　　　（単位：千円）

		変動費 468,953	
売上高 659,093	限界利益 190,140	固定費 （営業外損益 含む） 156,506	人件費 0
			減価償却費 5,912
			その他 150,594
		経常利益 （税引前） 33,634	法人税等 0
			税引後利益 33,634

生み出した資金　39,546

直前期の資金状況

当期営業から生み出した資金	39,546	
運転資本増減にともなう資金	−3,724	
その他		← CF 計算書より
設備投資（売却分はプラス）		← CF 計算書より
その他		← CF 計算書より
返済原資（フリー CF）	35,822	
＋）借入金増加		← CF 計算書より
−）借入金返済		← CF 計算書より
その他		← CF 計算書より
当期資金増減	35,822	
前期末資金残高		
当期末資金残	35,822	

変動損益計算書（5期分）

（単位：千円）

科目		5期前	4期前	3期前 2020年度（48期）	2期前 2021年度（49期）	直前期 2022年度（50期）
売上	売上高			699,922	679,832	659,093
	売上高合計			699,922	679,832	659,093
変動費	原材料費（売上原価）			206,083	187,343	184,331
	仕入棚卸			6,670	4,300	15,962
	外注費（労務費込み）			145,856	142,755	132,226
	その他製造経費			152,401	140,379	136,434
	変動費合計			511,010	474,777	468,953
限界利益（粗利）				188,912	205,055	190,140
平均限界利益率（粗利率）				27.0%	30.2%	28.8%
固定費	人件費（役員報酬、販売員給与、事務員給与、法定福利費、福利厚生費含む）			82,008	81,688	87,800
	販売員旅費			0	228	0
	広告宣伝費			961	1,396	1,146
	発送配達費			33,480	30,879	29,305
	販売手数料			698	847	490
	減価償却費（販管）			4,953	4,197	4,449
	車両費			3,083	2,716	3,618
	事務消耗品費			1,418	1,465	1,463
	通信交通費			2,540	1,764	1,638
	租税公課			4,235	5,255	4,431
	寄付金			51	2,799	61
	接待交際費			2,658	1,821	952
	保険料			13,533	13,865	12,975
	警備費			209	210	210
	諸会費			773	706	622
	研修費			1,283	1,258	1,255
	組合費			354	354	354
	リース料			798	605	675
	雑費			6,561	8,406	9,629
	固定費合計			159,596	160,459	161,073
営業利益				29,316	44,596	29,067
営業外	営業外費用			11,520	10,698	9,984
	営業外収益			11,647	4,759	6,335
経常利益				29,443	38,657	25,418

運転資本の増減（5 期分）　　　　　　　　　　　　　　　　　　　（単位：千円）

科目		5 期前	4 期前	3 期前	2 期前	直前期
				2020年度 (48期)	2021年度 (49期)	2022年度 (50期)
現金預金				49,425	59,711	191,106
売上債権	受取手形			179	14,490	29,574
	売掛金			188,179	177,597	178,892
	売上債権合計			188,358	192,087	208,466
棚卸資産	商品			2,034	1,541	1,477
	製品			36,174	39,565	30,770
	原材料			7,987	7,471	8,222
	貯蔵品			11,396	15,002	13,482
	棚卸資産合計			57,591	63,579	53,951
買入債務	支払手形			0	0	0
	買掛金			100,995	91,309	96,902
	未払い金			48,728	40,998	38,432
	買入債務合計			149,723	132,307	135,334
運転資本の増減				96,226	123,359	127,083

（2）必要利益の背景と差額

　現状がわかった段階で「リスク・シナリオ（破局のシナリオ）」と「返済・成長投資可能目標」をシミュレーションしてみた。この段階までは私と経営者のみで実施した。リスク・シナリオでは、売上高の増減、変動費の増減、固定費の増減を前期の損益にはめ込んでみた。

　売上がなかなか上がらない状況を想定し、「売上増減をゼロ」に。変動費は原料値上げの天井がまだまだ見えないことから、10％は上昇すると想定。固定費は設備投資、修繕費、人件費、広告費増などを含めて7％前後増えると想定。

　すると、当然返済原資は▲2,200万円となり、これでは資金不足になる。経営環境を考えれば、「売上横ばい」「原価上昇」「固定費上昇」が普通の見方である。しかし、それでは返済原資不足になり、コロナ融資の返済も始まることを考えると油断はできない。

　このリスク・シナリオを経営者に見せながら、その場でシートに書き込んだ結果、経営者は「これでは会社がダメになる。売上が上がらないからといって固定費（主に人件費）も上げられないと、若手や今後の人材が離職し、製造も販売も

必要売上・利益 および差額金額の把握

> 直前期のデータをもとに、可能性のある3つのパターンでシミュレーションを行う（返済原資は決まっているが、売上、変動費、固定費が変化することで、どこに注力すべきか経営者に意識してもらう）。
> 最終的には、「現状の売上・粗利」と「必要売上・粗利」との差額を確定し、経営計画用の売上・粗利を決める。

（千円）

		リスク・シナリオ（破局）	返済・成長投資可能目標
	売上高増減	0%	10%
	変動費増減	10%	7%
	固定費増減	7%	7%
現状（直前期）		⬇	⬇
売上高	659,093	659,093	725,002
変動費	468,953	515,848	501,780
固定費	152,857	163,557	163,557
営業外損益	−3,649	−3,649	−3,649
税引前利益（a）	33,634	−23,961	56,017
減価償却費　（b）	5,912	5,912	5,912
運転資本増減　（c）	−3,724	−3,724	−3,724
その他			
設備投資			
その他			
返済原資	35,822	−21,773	58,205

（a）＋（b）−（c）

返済・成長投資可能目標

（千円）

	現状	必要額	差額
売上高	659,093	725,002	（d）　65,909
変動費	468,953	501,780	（e）　32,827
固定費	152,857	163,557	10,700
税引前利益	33,634	56,017	22,383

必要額 − 現状

（千円）

売上高改善案	変動費改善案	固定費改善案
5%	0%	0%
0%	7%	0%
0%	%	7%
⬇	⬇	⬇
692,048	659,093	659,093
468,953	501,780	468,953
152,857	152,857	163,557
−3,649	−3,649	−3,649
66,589	807	22,934
5,912	5,912	5,912
−3,724	−3,724	−3,724
68,777	2,995	25,122

2025 年時点

経営計画用 差額売上高 65,909	第 1 食品	11,000
	第 2 食品	20,000
	新戦略売上（OEM 他）	35,000
	合計	66,000

経営計画用差額
売上総利益
33,082

（d）−（e）

141

人手不足で事業継続ができなくなる。これは"やばい状況"だ」と認識した。

そこで、今度は「返済成長投資可能目標」のシミュレーションをしてみた。「変動費増減」では、一部の原価は落ち着きも出ているし、過去2年間の加重平均なら7％上昇ぐらいが妥当だと判断した。「固定費増減」は人件費、設備投資、修繕費、広告費そして一番気にしているのが「物流費の上昇」を考えると、リスク・シナリオの7％上昇は致し方ないということだった。こうして「変動費」「固定費」の上昇率（％）を入れ、必要経常利益や返済原資の数字を入れてみた。

経営者は、経常利益率7％以上はなんとかほしいという想いが強いので、それでシミュレーションすると、「必要売上」は10％上昇となった。昨年度の売上は6億5,000万円だから、10％アップは7億2,000万円を目指すことになる。

その7億2,000万円の売上目標は、来期か再来期か3年後かは、今後の議論で決めることにし、増額分の6,500万円の内訳をどうするかを議論した。

市場が成熟し、成長余地の少ない調味料を取り扱う「第1食品」と、まだまだ市場成長可能性がある乾燥野菜の「第2食品」で振り分けたが、現実はいろいろ対策をしても3,000万円アップくらいしか期待できない。残りの3,500万円は、今までの取引先や地域ではなく、戦略的にOEM（相手先ブランドでの供給）やBtoBとのコラボ、大手問屋との取引などの「新戦略売上」が必要だ。

（3）クロスSWOT分析「強み分析」

必要売上が決められ、次に第1食品事業部と第2食品事業部別にクロスSWOT分析を行った。まず、各事業部の「強み分析」である。これには経営者だけでなく、営業担当、製造責任者も加わり、筆者はコーディネーターとして進めていった。

第1食品は調味料や甘味料ビジネスである。「強み分析」をしていると、歴史のある事業なので、過去からの取引先がいろいろ出てくる。ところが、「それが強みなのか？」というと、認知度では「強み」でも、認知だけでは売上につながらず、県外の大手メーカーに量販店の市場を奪われているのが現状だ。

その原因は「弱み」になるので、別の欄にメモを残した。また、それ以外に顧客からの情報や声を聞き出し、「顧客欄」「商品欄」に箇条書きで記載した。

第1食品の「強み」を整理すると、以下のようになった（144〜145ページ参照）。

> ●歴史があるから、知名度がある。
> ●全国問屋に取引口座がある。
> ● JA（農協）での実績がある。
> ●製造期間が短い。
> ●大容量の精糖マシンがある。

これらの「強み」が、次に議論した「機会分析」（150 ～ 151 ページ参照）とどうリンクするのか。

機会分析をしながら強みの深掘りをすると新たな「強み」が発見され、追記していくことになった。「強み分析」は参加者も積極的で、「強み」ではなく「よい点」もどんどん出てくるし、「それはなぜ？」などの深掘り質問をすると、潜在的な「強み」や「活かすべき経営資源」が出てきたりする。

第2食品は乾燥野菜という超ニッチビジネスであり、まだそう歴史はない。ただ、全国でも業者が限られていることから、具体的な「強み」にしやすかった。

第2食品の「強み」を整理すると、以下のようになった。

> ●品質管理の厳しい大手インスタント麺メーカーと取引がある。
> ●全国営業をしてくれる大手パートナー問屋との太いパイプがある。
> ●乾燥野菜の特殊な製法ができる。
> ●過去に多くの麺セットメーカーとのスポット取引があった。
> ●製造ロス、栄養ロスが少ない製法である。

※本稿では、紙数の関係で、クロス SWOT 分析～ KPI モニタリング～アクションプランまでのプロセスについては、各帳票を含め、第2食品事業部については省略した。（156 ～ 159 ページの「クロス SWOT 分析の具体策連動中期収支計画」については、第1食品・第2食品とも反映している）

第1食品　クロス SWOT 分析　「強み」をどう活かすか

会社名・部門名		差額売上	
実施日・SWOT 分析参加者		差額利益	

			強み（内部要因）と
	カテゴリー		ヒント
A	既存顧客、既存チャネルの強み		●顧客台帳・リスト数・DM 先数・アポが取れる客数 ●常連客、A 客の数、ロイヤルカスタマーになった理由 ●有力な顧客先となぜその顧客が生まれたかの要因
B	既存商品、既存仕入先、取引業者の強み		●この取扱商品を持っていることでのプラスの影響 ●この仕入先、外注先、取引先を持っていることでのプラスの影響 ●この販売エリア、マーケティングチャネルを持っていることのプラスの影響
C	技術、人材、知識、ノウハウ、経験の強み		●技術、ノウハウの具体的な「強み」で顧客から評価されている事項 ●顧客が評価する技術や知識、経験を持った人材の内容 ●顧客が評価する社内の仕組み、システム、サービス
D	設備、機能、資産の強み		●他社に優位性を発揮している生産設備、什器備品、不動産 ●顧客が認める組織機能（メンテ、営業サポート、物流など）
E	外部から見て「お金を出してでも手に入れたい」と思われること		●もし M&A されるとしたら、買う側はどこに魅力を感じるか ●買う側が魅力に感じる顧客資産とは
F	外部から見て「提携」「コラボ」「相乗り」したいと思われること		●協業を求める外部資本が魅力を感じる顧客資産・商材資産、組織機能資産

課題整理1	
課題整理2	

活かせる分野

ヒントの答え	横展開の可能性
● A市地元での調味料の知名度が高い（地元の味として長年親しまれている） ● 毎年工場見学（市内4、5の小学3年生500名受入れ）→調味料をプレゼント ● 年2回の蔵開きで地元消費者（年2000名来場） ● JA〇〇の地産地消の商品化の実績→ ● 全国の大手食品問屋、日配要冷問屋と取引き ● 発酵食品メーカーの高い品質基準にも対応（工業製品になっている）→調味料の安定品質がうけた	● 蔵開きでの直販だけでなく、地元消費者へ販売 ● JA〇〇ブランドを活用し、A市内において、地域の業務用調味料が可能 ● JA〇〇との共同開発手法を他地域のJAへ展開 ● 問屋、小売店から開発の宿題がもらえる→問屋、小売店は新商品を常に求めている
● JA〇〇で地産地消の麦調味料開発 ● 全国で初めて「合わせ天然甘味料製法」を開発し、他社よりうまみ、甘みが強いく、品質がブレない ● 当社の調味料、天然甘味料を使って、大手から「他社製品より素材のよさを引き立てる」という声がある	● JA〇〇ブランドで麦調味料以外の調味料製品のバリエーション（FDを増やす） ● JA〇〇のB級果物の再活用として、甘味料を西日本の果物を売りにしているJAへ提案
● クセがない天然甘味料（匂いがない、すっきり）なので、デザートの甘み部分に天然甘味料を活用（砂糖不使用の動きがあり、自然な甘みを活かす） ● 西日本で甘めが好まれる調味料 ● 調味料、天然甘味料の新製品開発、試作は短期間で仕上げる ● 天然甘味料の品質が各段に向上した新精糖マシンを導入	
● 調味料工場はHACCP取得。委託先を使わず、すべて自社生産だから品質責任が負える ● 精糖マシンは3tが2基あるので、OEMで大量の依頼でも対応できる ● 調味料の連続加熱殺菌装置を導入（発酵食品メーカーが評価） ● 天然甘味料をパウダーにできる機械（100kg/日）	● 同じ味を1年中品質安定と衛生管理で、大手のOEMも可能
● 全国の大手食品問屋、日配要冷問屋と取引があり、口座と取引コードを持っている ● 調味料、天然甘味料の生産設備と製造ノウハウがあるので、調味料や天然甘味料関連商品を拡大したい業者は狙ってくる ● アマゾンの通販業者、登山のYouTuberを皮切りに、キャンプ登山系販売店、通販ショップが自社製品として取り扱っている	

（4）クロス SWOT 分析「機会分析」

　「機会分析」では、指定された質問に沿って深掘り質問していった。「機会分析」も第1食品と第2食品事業部では顧客が違うことから、別々に行った。

　第1食品の「機会分析」では、市場が飽和状態で一見成長余地がない成熟市場での機会分析である。ここで大事なことは「小さな顧客の声に必ずヒントがある」と信じて、ヒアリングをすることである。

　第1食品での面白い「機会」では（150〜151ページ参照）、

---

❶2「予期せぬ成功・新たな可能性」で「登山系ユーチューバー」がこの企業の糖分のある天然調味料を「栄養補給替わり」に使っている。

❷5の「おカネを払うから、もっとここまでしてほしいニーズ（高価格帯需要）」では、天然調味料は地元色が強いと量販店でのニーズがある。

❸6の「こんな商品あったら買いたい、こんな企画ならいけそうというニーズ」で、精糖マシンを持っていないライバルからの受注ニーズがある。

などが出てきて、それはそのまま「積極戦略」で活用するようになった。
また、第2食品では、

---

❹1の「B、Cランク客の具体的なニーズ」では、全国の麺のセットメーカーで乾燥野菜の地産地消ニーズがあり、産地表示が営業の武器になる。

❺根菜野菜の乾燥化のニーズが増えている。

❻2の「予期せぬ成功・新たな可能性」では、乾燥野菜をラーメンにトッピングでき、在庫ロスや高回転のラーメン店にニーズがある。

❼5の「おカネを払うから、もっとここまでしてほしいニーズ（高価格帯需要）」では、夏場対策として冷やし中華専用冷製乾燥野菜のニーズもある。

など、複数の商材直結の「機会分析」によるニーズが確認された。

(5) クロス SWOT 分析　戦略マップと KSF「積極戦略」

　積極戦略を議論する前に、「強み」と「機会」から、戦略の方向性を確認した。それは「戦略マップ」である。これは、戦略マップによる方向性の検証と詳細戦略を確認するためのマップであり、「積極戦略」はこれをもとに詳細化する。

　第1食品事業部の戦略マップで挙がってきたのは、財務の視点として「売上の拡大」と「既存商品の拡大による粗利確保」だった。

　これまで開発に投資をしてきたが、中途半端な取り組みで思ったほどの成果や収益につながっていない。そこで、「強み」と「機会」から、次の戦略事項が挙がってきた。（152 ～ 155 ページ参照）

> ■顧客の視点
> 　●同業者の顧客化　　　　　　●JA とのコラボ
> 　●消費者接点の多頻度化　　　●加工メーカーへの原料供給
> ■業務プロセスの視点
> 　●砂糖不使用商品の開発　　　●地産地消の商品開発

第 1 食品　戦略マップ

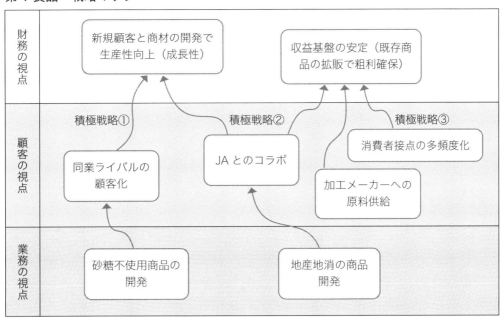

第2食品事業部の戦略マップで挙がってきたのは、財務の視点として「売上の拡大」「B to B直結で粗利率確保」だった。顧客の視点および業務プロセスの視点としては、次の事柄が戦略事項として挙がってきた。

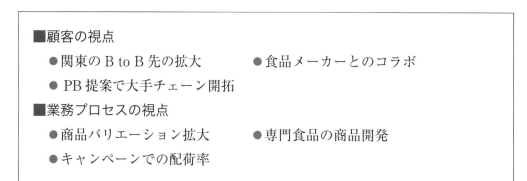

第2食品　戦略マップ

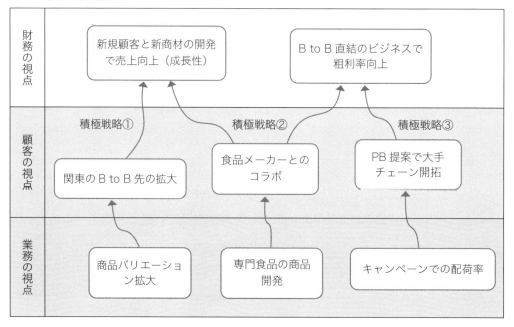

（6）戦略の優先順位

　これらの「戦略マップ」の基本方向性を確認後、各詳細戦略を議論した。
　積極戦略では、第1食品事業部も第2食品事業部も複数の「機会」があったことから、どう優先順位をつけるかが最初の課題だった。

　この場合、数ある「機会」から、どのマーケットが取り組みやすいか、経営者、幹部の意見をベースに「優先される機会」を選び、それに使える「強み」を引き出した。この積極戦略は、「機会」×「強み」で固有の具体策が選び出され、その具体策について詳細な行動の紐づけをしなければならない。つまり、「誰が」「何を」「どのように」すべきかである。

　そこで、筆者が「積極戦略フレーム」にいろいろなヒントや誘導を行った結果、事例のような各種の積極戦略が生まれた。積極戦略の立案でこれは面白いと思ったのは、第1食品では次のような可能性が抽出されたことである。

---

❶「濃い味調味料」ブランドシリーズで地元調味料を打ち出す。地産地消を全面に打ち出し、しかも「濃い味」という今までにないジャンルである。当然長く売れ続けることを期待しておらず、スポットの話題性を狙った。

❷機会分析でも出てきた「登山系ユーチューバー」がヒントになった「天然甘味調味料」で、「栄養補給系」の新販売チャネルが切り口となる。

　この積極戦略はいわゆる KSF（Key Success Factor ＝重要成功要因）である。

　すなわち、その対策を実行することが業績に直結する大事な戦略であることから、あまり時間をかけて行うのではなく、今期中には取り組めることに絞った。また、積極戦略の「顧客視点」「業務プロセス視点」での内容については極力抽象論を排し、具体論になるよう誘導した。

　その結果、KPI の設定も業績予測もかなり細かく、理にかなったものになっている。特に「業績予測」では、具体策がまだ海のものとも山のものともわからない段階で数値化することに、参加した幹部は当初困惑した。しかし、

　「ざっくりと単価はいくらぐらい？」

　「ざっくりと、初年度はだいたいここまでしか行かないだろうという個数は？」

　などの質問を続けていくと、徐々に役員幹部から意見が出てきた。

（7）具体策連動 中期収支計画

　次に、「積極戦略」の具体策をさらに数値化して「中期収支計画」を策定する（156 〜 159 ページ参照）。

第1食品　クロスSWOT分析　「機会」をどう深掘りするか

No.	深掘りする質問	聞き出すヒント
		機会（O）…これから求められる
1	B、Cランク客の具体的なニーズ	●めったに買いに来ないお客が求めるニーズ ●日ごろ購入する業者で買わず、少量・臨時の購入で自社に来た理由
2	予期せぬ成功・新たな可能性	●まさかそんな使い方をしているとは… ●そういうアイデアを顧客が持っているとは…想定していなかったニーズ
3	既存客・新規見込み客が使ううえでいら立っていること（困りごと）	●なぜそこまで時間がかかるのか、なぜそんなに高いのかの不満は何か ●どこも対応してくれないから仕方なく顧客が諦めていること
4	そこまで要求しないから、もっと低価格のニーズ（そぎ落としの低価格需要）	●必要な機能やスペックはここだけで、他はいらないと顧客が思っていること ●ムダな機能やスペック、過剰なサービスを減らしても顧客が喜ぶもの
5	おカネを払うから、もっとここまでしてほしいニーズ（高価格帯需要）	●顧客が困っていることに適応するなら高くても買う理由 ●こんな顧客ならこんな高スペックや高品質の商品を買うだろう
6	こんな商品あったら買いたい・こんな企画ならいけそうというニーズ	●このターゲット顧客が喜びそうな商品とは ●このターゲット顧客なら、こんなイベントや販促、企画、アフターサービスを求めるだろう
7	他社がやっている企画・商品で真似したいこと	●あの同業者のあの商品の類似品ならいけそうだ ●二番煎じでもいけそうな商品とターゲット顧客
8	知り合い（同業者・関係先・仕入先・コンサル・税理士等）から聞いた善意の提案	●顧客以外から聞いた新たな提案 ●新たな気づきの善意の提案は何があるか
9	その他、新しいビジネスモデルでの要望	●コロナ禍で生まれた新たなニーズ ●これからの顧客が求める商品サービスとは

ニッチ分野、顧客が費用を払うニーズ

どんな顧客が（どんな特性の顧客が）	具体的に何があるか	なぜそう思うのか、理由は何か（具体的に）
● JA ○○	● 婦人部の手づくりができなくなって、地元○○を使っての製造依頼がきた	
● 地場スーパー（大手量販店）から ● 登山系ユーチューバー ● 個人でアマゾンなどで通販している業者	● A市地元の商品であることをPRするため、地元キャラクターのシールを貼った ● 登山時の栄養補給としてPR ● 独自ブランドの外パッケージで自社の「食べる甘味料」を販売	● 消費者も量販店も地元色が強いほうを好むから（当社が地元商品と認知してないから） ● スポーツや登山で簡単な天然のアミノ酸補給のニーズがある ● アマゾン、ヤフー、楽天などで商品バリエーションを増やしたい通販業者が多い
● 年配の方は地場の生調味料を買うが、30代、40代に受ける商品を出してほしいと量販店、問屋から要望 ● 施設給食や弁当ですぐできる調味料汁がほしい	● 50代、60代の生調味料需要から、30代、40代が求める簡単で手間を省く調味料汁の需要がある ● 溶けやすいすり調味料のニーズがある	● 若い消費者を中心に、手間を省きたい新たな調味料の開発が求められている ● 施設、自宅で簡単に調味料汁ができるようにしたい。かき回さなくても溶けるもので、液調味料ではコストが合わない
● 量販店から、当社のウリがわからないという	● 自社の独自性を打ち出すべきで、今はエンド・島陳列しか売れない	● 消費者も量販店も地元色が強いほうを好むから（当社が地元商品と認知させる…地域に根づくネーミング）
● 小規模同業調味料メーカー ● 甘味料利用の菓子、パンメーカーショップ	● 精糖マシンを持っていない小規模同業調味料メーカーや甘味料を活用するメーカーに天然甘味料を売る ● 菓子、パンメーカーに砂糖不使用商品の開発（天然甘味料、濃縮甘味料原液）	● 天然甘味料を作りたい小規模同業調味料メーカー、手づくり調味料を作るJA等 ● 砂糖不使用の商品を目指す菓子、パンメーカー

第1食品　クロス SWOT 分析（積極戦略ヒント付き）

		積極戦略		
組合せ	何を（商品商材）どうしたい（KSF）		顧客視点	
		ターゲット（顧客・チャネル）	今後の具体的なニーズ（買いたい理由）	求める具体的なサービス・付加価値・課題解決
C×4、7	●製糖マシンの製造能力を PR し、大手の受託金額と同じでしかも配送コストが少ないことをアピール	●西日本全域の小規模調味料製造業者、甘味料活用業者、JA	●人手不足と高齢化で手間がかかる天然甘味料づくりを、将来的にはコストも負担も少ない外注にしたい	●自社の精糖マシンの余力を活かし、同業者や JA など甘味料業者に対して、大手調味料メーカーより低価格で受注する
			業務プロセス視点	
		マーケティング・販促戦略	製造・構築の仕方	成果を出す社内体制・組織・仕組み
		●各県の小規模調味料業者へ電話営業	●製造は余裕があるので、当面問題なし	●営業事務から電話トーク型決め後定期的に架電
		●JA リスト先に電話営業		●Web チームが受託成功例や受託者の声、製造風景の画像とコメントを定期的にブログ SNS にアップ
		●ホームページに受託成功例の掲載		
組合せ	何を（商品商材）どうしたい（KSF）		顧客視点	
		ターゲット（顧客・チャネル）	今後の具体的なニーズ（買いたい理由）	求める具体的なサービス・付加価値・課題解決
C×7	●西日本全域内の菓子メーカー、パンメーカー、パンショップへ「砂糖不使用商品開発」を提案 ●粒なし濃縮甘味料の製造	●甘味料の原液、濃縮液、天然甘味料蜜を菓子、パンメーカー	●砂糖不使用で健康商品をアピールしたい ●自社で甘味料製造の負担をしたい	●パン、ケーキになじむ甘味料の液体化（粒なし濃縮甘味料の開発） ●砂糖不使用をアピールする新商品の開発がしやすくなる
			業務プロセス視点	
		マーケティング・販促戦略	製造・構築の仕方	成果を出す社内体制・組織・仕組み
		●Web ページ、SNS に粒なし濃縮甘味料を PR ●商品開発事例やレシピを定期掲載 ●フードフェスタで PR	●糖蜜を製造するには圧搾機と過熱ニーダーの製造装置が必要	●Web チームと製造部門が定期的に SNS 情報発信と掲載
組合せ	何を（商品商材）どうしたい（KSF）		顧客視点	
		ターゲット（顧客・チャネル）	今後の具体的なニーズ（買いたい理由）	求める具体的なサービス・付加価値・課題解決
A×1	●JA 単協で女性部会からの天然甘味料と調味料でアウトソーシング	●西日本各県 JA 単協で女性部会からの天然甘味料と調味料でアウトソーシング	●人手不足と高齢化で手間がかかる天然甘味料づくりを将来的にはコストも負担も少ない外注にしたいニーズがある	●JA ○○で地産地消の麦調味料開発がうまくいく、他 JA でも同様のニーズがある ●地元の大豆、コメを使うことで地元色豊かな調味料を提供するので JA も地域も納得する
			業務プロセス視点	
		マーケティング・販促戦略	製造・構築の仕方	成果を出す社内体制・組織・仕組み
		●各県の調味料組合名簿、JA 婦人部のリスト収集の DM とデモ、試作	●取引形態 　・仕込み調味料 　・桶売り（熟成後樽売り） 　・最終製品まで提供	●現状の体制で可能
		●アウトソーシングメリットの動画を継続配信		

（すぐに取り組む具体策）		

顧客視点 KPI 1	顧客視点 KPI 2	業績予測 （売上・個数・粗利率・粗利等）
● KPI：2026 年までに西日本内で小規模調味料メーカー 10 件開拓	● KPI：2026 年までに、西日本 4 県 JA へ天然甘味料製造を受託、10 件	● 西日本内小規模調味料メーカー天然甘味料納入売上 2024 年＝ 10 件 ×1 t（50 万円）＝ 500 万円 2025 年＝ 20 件 ×1 t（50 万円）＝ 1000 万円 ● JA 天然甘味料原料製造受託による工賃収入 2024 年＝新規 1 件 ×3 t（40 万円）×4 回転＝ 160 万円 2025 年＝新規 3 件＋既存 1 件 ×3 t（40 万円）× 4 回転＝ 640 万円 ● 小規模調味料メーカー天然甘味料粗利＝ 50％ ● JA 向けは支給品のため粗利率＝ 100％

業務プロセス視点 KPI 1	業務プロセス視点 KPI 2	原価・経費予測（設備投資、原価、必要経費等）
● KPI：各県小規模調味料メーカーへ見積提出数	● KPI：各県 JA での天然甘味料づくりの困りごと聞き出し数と提案書提出数	
		既存設備と人員で対応可

顧客視点 KPI 1	顧客視点 KPI 2	業績予測 （売上・個数・粗利率・粗利等）
● KPI：新規取引数＝ 10 件 /年		2023 年＝新規 5 件 ×7.5 万円 / 月 ×6 か月＝ 225 万円 2024 年＝新規＋既存 15 件 ×7.5 万円 / 月 ×12 か月＝ 1350 万円 2025 年＝新規＋既存 25 件 ×7.5 万円 / 月 ×12 か月＝ 2250 万円 ● 粗利率＝ 50％

業務プロセス視点 KPI 1	業務プロセス視点 KPI 2	原価・経費予測（設備投資、原価、必要経費等）
● KPI：提案書作成数と試作品数		● 2024 年圧縮機（500 万円）＝年間償却費 77 万円 ● 2024 年加熱機器（水分飛ばし）700 万円（償却費 100 万円）

顧客視点 KPI 1	顧客視点 KPI 2	業績予測 （売上・個数・粗利率・粗利等）
● KPI：西日本各県の JA 婦人部のリスト先へ DM 数		2024 年＝ 2 単協 ×40 万円 / 月 ×12 か月＝ 960 万円 2025 年＝新規 3 単協＋既存 2 単協 ×40 万円 / 月 ×12 か月＝ 2400 万円

業務プロセス視点 KPI 1	業務プロセス視点 KPI 2	原価・経費予測（設備投資、原価、必要経費等）
● KPI：DM 後のデモ試作数	● KPI：天然甘味料調味料のアウトソーシング関連動画配信数	

組合せ	何を（商品商材）どうしたい（KSF）	積極戦略		
		顧客視点		
		ターゲット（顧客・チャネル）	今後の具体的なニーズ（買いたい理由）	求める具体的なサービス・付加価値・課題解決
AB × 5	●製造も協力して地元中心にマネキンによる試飲会と特売の多頻度化	●主要量販店（GMS、地場スーパー、〇〇、〇〇や等）、道の駅など	●コロナでマネキン販売が途絶えていたが再開できる環境になった	●試食試飲することで消費者へ直接アピール ●店舗での消費者情報の収集で量販店にもフィードバック可能
		業務プロセス視点		
		マーケティング・販促戦略	製造・構築の仕方	成果を出す社内体制・組織・仕組み
		●マネキン販売の企画書を作成し提案		●営業、製造も協力し土日での交代勤務を利用
組合せ	何を（商品商材）どうしたい（KSF）	**顧客視点**		
		ターゲット（顧客・チャネル）	今後の具体的なニーズ（買いたい理由）	求める具体的なサービス・付加価値・課題解決
AB × 2	●自社の「濃い味調味料」ブランドシリーズで地元調味料を打ち出す	●地元の量販店（スーパー、ディスカウンター）や業務用飲食店	●地元を応援したいという量販店の取り組みを全面的に活用する	●製造開始 50 周年に乗じて、量販店で「地元色」に「特売スポット」を提案を提案
		業務プロセス視点		
		マーケティング・販促戦略	製造・構築の仕方	成果を出す社内体制・組織・仕組み
		●継続した販促、エンド・島陳列で地元認知の定着度を上げる	●「50 周年企画　A 市の濃い味調味料」のブランドでパッケージにシールを貼り、認知度を高める	●営業の通常の提案にこの特売を年間を通じて展開
組合せ	何を（商品商材）どうしたい（KSF）	**顧客視点**		
		ターゲット（顧客・チャネル）	今後の具体的なニーズ（買いたい理由）	求める具体的なサービス・付加価値・課題解決
AE × 2	●加工調味料、食べる甘味料の新チャネルの販売	●アマゾンで通販している小規模業者へ留め型 ●加工調味料は物産系（道の駅、物産館、SA 等） ●登山、キャンプ系のスポーツショップや全国チェーン	自社専用商品として加工調味料、甘味料製品を販売したい ●登山、スポーツショップ系は食べる甘味料を手軽な栄養補給商品として取り扱いたい	●中身はそのままで、売り方、ブランド、外袋は顧客で作成し、当社既存品と差別化する
		業務プロセス視点		
		マーケティング・販促戦略	製造・構築の仕方	成果を出す社内体制・組織・仕組み
		●知り合い登山 YouTuber、スポーツ YouTuber に栄養補給を PR してもらう	●既存の中身	● Web チームと製造部門が定期的に SNS 情報発信と掲載
		● Web と SNS からコメントやサンプル提供で関係を始める		●展示会で出合った見込み客へ定期郵送物の配布
		●スポーツショップ系の問屋開拓		● Web チームが異業種の問屋開拓、YouTuber へのコメント、サンプル提供を継続

（すぐに取り組む具体策）		

顧客視点 KPI 1	顧客視点 KPI 2	業績予測 （売上・個数・粗利率・粗利等）
● KPI：量販店、道の駅等でのマネキンによる試飲会数	● KPI：マネキンがいなくても量販店の特売島陳列の実施数	2023 年＝　5 店舗 × 2 回 ×12 か月 ×4 万円＝ 480 万円 2024 年＝ 10 店舗 × 2 回 ×12 か月 ×4 万円＝ 960 万円 2025 年＝ 10 店舗 × 2 回 ×12 か月 ×4 万円＝ 960 万円

業務プロセス視点 KPI 1	業務プロセス視点 KPI 2	原価・経費予測（設備投資、原価、必要経費等）
● KP：マネキン販売時の顧客の声収集		社内資源のため原価なし

顧客視点 KPI 1	顧客視点 KPI 2	業績予測 （売上・個数・粗利率・粗利等）
● KPI：特売スポット実施数		2023 年＝ 10 店舗 × 2 回の特売 ×5 万円 / 回 =100 万円 2024 年＝ 15 店舗 × 2 回の特売 ×5 万円 / 回 =150 万円 2025 年＝ 20 店舗 × 2 回の特売 ×5 万円 / 回 =200 万円

業務プロセス視点 KPI 1	業務プロセス視点 KPI 2	原価・経費予測（設備投資、原価、必要経費等）
● KPI：地場コーナー設置数		

顧客視点 KPI 1	顧客視点 KPI 2	業績予測 （売上・個数・粗利率・粗利等）
● アマゾン、楽天、ヤフーの通販小規模業者向アタック数	● 物産系、スポーツ問屋へのDMと電話回数	2024 年＝通販別留め型 3 社 × 30 万円 / 年＝ 90 万円 2025 年＝通販別留め型 5 社 × 30 万円 / 年 =150 万円 ● 物産、スポーツショップ系食べる甘味料 2024 年＝ 10 店 × 5 万円 ×12 か月＝ 600 万円 2025 年＝ 20 店 × 5 万円 ×12 か月＝ 1200 万円

業務プロセス視点 KPI 1	業務プロセス視点 KPI 2	原価・経費予測（設備投資、原価、必要経費等）
● 展示会 3 日間でサンプル提供数＝ 500 個	● 名刺への毎月メルマガ配信数	● 展示会参加費 2023 年　50 万円 / 回 × 1 回 =　50 万円 2024 年　50 万円 / 回 × 3 回 = 150 万円 2025 年　50 万円 / 回 × 3 回 = 150 万円

クロス SWOT 分析の具体策連動 中期収支計画

（単位：千円）

科目	売上科目	商品または顧客	前年度実績	今期（51期）の予想	来期（52期）の予想	再来期（52期）の予想
売上	第1食品（既存）	調味料、調味料加工品	151,093	170,000	166,600	161,602
		甘味料（乾燥甘味料、液状、甘味料加工品）	72,000	80,000	78,400	76,048
	第2食品（既存）	麺メーカー向け乾燥野菜（H社等）	218,000	218,000	207,100	196,745
		市販品乾燥野菜パック	218,000	218,000	213,640	209,367
	第1食品（新戦略）	JA単協、精糖マシン受託	0	0	10,100	34,000
		パン、ケーキメーカーへのB to B	0	2,250	13,500	22,500
		試食会と特売多頻度化	0	4,800	9,600	9,600
		加工調味料、甘味料製品の新チャネル	0	0	6,900	13,500
	第2食品（新戦略）	スライス型乾燥野菜の拡大	0	7,000	13,000	13,000
		乾燥野菜のバリエーションを増やし、関東での取引拡大	0	6,000	25,000	60,000
		冷やし中華用粉末乾燥野菜の開発で量販および業務用拡大	0	0	5,000	15,000
		PB乾燥野菜の大手チェーン開拓	0	0	1,000	10,000
	売上合計		659,093	706,050	749,840	821,362

戦略での概算数値（売上・原価・経費）整理			
クロス分析の戦略と具体策から捻出される売上概況・内容 （新商材・新規チャネル等売上の増や既存商材の売上減等）			新たに増減する売上高
第1食品	〈1〉	●製糖マシンの製造能力をPRし、大手の受託金額と同じでしかも配送コストが少ないことをアピール	●西日本内小規模調味料メーカー天然甘味料納入売上 2024年＝10件×1t（50万円）＝500万円 2025年＝20件×1t（50万円）＝1,000万円 ●4件へのJA天然甘味料原料受託による工賃収入 2024年＝新規1件×3t（40万円）×4回転＝160万円 2025年＝新規3件＋既存1件×3t（40万円）×4回転＝640万円 ●小規模調味料メーカー天然甘味料粗利＝50% ●JA向けは支給品のため粗利率＝100%
第1食品	〈2〉	●西日本全域の菓子メーカー、パンメーカー、パンショップへ「砂糖不使用商品開発」を提案 ●粒なし濃縮甘味料の製造	2023年＝新規5件×7.5万円/月×6か月＝225万円 2024年＝新規＋既存15件×7.5万円/月×12か月＝135万円 2025年＝新規＋既存25件×7.5万円/月×12か月＝2,250万円 ●粗利率＝50%
第1食品	〈3〉	●JA単協で女性部会からの天然甘味料と調味料でアウトソーシング	2024年＝2単協×40万円/月×12か月＝960万円 2025年＝新規3単協＋既存2単協×40万円/月×12か月＝2,400万円
第1食品	〈4〉	●製造も協力して地元中心にマネキンによる試飲会と特売の多頻度化	2023年＝5店舗×2回×12か月×4万円＝480万円 2024年＝10店舗×2回×12か月×4万円＝960万円 2025年＝10店舗×2回×12か月×4万円＝960万円
第1食品	〈5〉	●加工調味料、食べる甘味料の新チャネルの販売	2024年＝通販別留め型3社×30万円/年＝90万円 2025年＝通販別留め型5社×30万円/年＝150万円 ●物産、スポーツショップ系食べる甘味料 2024年＝10店×5万円×12か月＝600万円 2025年＝20店×5万円×12か月＝1,200万円
第2食品	〈6〉	●他社にないスライス型の乾燥野菜のキャンペーンで配荷率を定番化を狙う	30周年キャンペーンにより、戦略商品乾燥きゃべつ売上増 2022年＝2369万円（通期） 2023年＝キャンペーンで2,370万円＋700万円増（通期） 各種スポット織り交ぜ 2024年＝2023年売上＋600万円（通期）
第2食品	〈7〉	●乾燥野菜のバリエーションで関東で取引店舗を拡大	●新商品をプラス分 2024年＝既3,100万円＋2,000万円＝5,100万円 2025年＝既3,100万円＋3,000万円＝6,100万円 ●輸出用 2024年＝500万円 2025年＝3,000万円
第2食品	〈8〉	●中華そばとたこやき専門の乾燥野菜を量販店と業務用に販売	●量販店用 2024年＝500万円 2025年＝1,500万円 2026年＝2,000万円
第2食品	〈9〉	●中華そば調味料メーカーとコラボして乾燥野菜関連の販売	●量販店用 2024年＝500万円 2025年＝1,500万円 2026年＝2,000万円
第2食品	〈10〉	●PB乾燥かやくを作る可能性のある大手チェーンへのPB提案	2024年＝100万円 2025年＝1,000万円 2026年＝2,000万円

	科目	前年度実績	今期（51期）の予想	来期（52期）の予想	再来期（52期）の予想
原価	原材料・仕入（売上原価）	200,093	211,815	224,952	246,409
	労務費（外注費）	132,226	134,150	142,470	156,059
	その他製造経費（包装費、燃料費、償却費、修繕雑費）	136,434	157,801	167,216	182,593
	原価計	468,953	503,765	534,637	585,060
	売上総利益（粗利）合計	190,140	202,285	215,203	236,302
	平均粗利率	29%	29%	29%	29%
販売費および一般管理費	人件費（役員報酬、販売員給与、事務員給与、法定福利費、福利厚生費含む）	87,800	87,800	94,800	94,800
	発送配達費	29,305	29,305	32,236	35,459
	減価償却費	4,449	7,000	8,000	13,200
	車両費	3,618	3,618	3,618	3,618
	保険料	12,975	12,975	12,975	12,975
	租税公課	4,431	4,431	4,431	4,431
	通信交通費	1,638	1,638	1,638	1,638
	雑費	13,781	13,781	13,781	13,781
	広告宣伝費	1,146	1,646	2,146	3,646
	研修費	1,255	1,255	1,255	1,255
	リース料	675	675	675	675
	販管費合計	161,073	164,124	175,555	185,478
	営業利益	29,067	38,161	39,648	50,824
営業外	営業外支出	9,984	6,500	6,500	6,500
	営業外収益	6,335	12,000	12,000	12,000
	経常利益	25,418	43,661	45,148	56,324

クロス分析の戦略と具体策に該当する仕入または粗利に関する概況・内容（新商材・新規チャネル等で発生する原価や仕入、既存商材の売上ダウンに伴う仕入減、または粗利率の変動も含む）			新たに増減する原価・仕入
第1食品	〈1〉	●西日本全域内の菓子メーカー、パンメーカー、パンショップへ「砂糖不使用商品開発」を提案 ●粒なし濃縮甘味料の製造	● 2024 年圧縮機（500 万円）＝年間償却費 77 万円
第2食品	〈2〉	●乾燥野菜のバリエーションで関東で取引店舗を拡大	●既存粗利率＝ 38% ● 2025 年に計量包装機（2,500 万円）購入。償却費 350 万円 / 年
第2食品	〈3〉	●中華そばとたたこやき専門の乾燥野菜を量販店と業務用に販売	2024 年 包材変更

クロス分析の戦略と具体策に該当する経費支出・削減の科目と金額に関する科目および概況と内容（新対策で新たに発生する経費も含む）			新たに増減する経費
全社	〈1〉	●人件費増（昇給と要員確保）	2024 年＝ 700 万円増（昇給・手当、パート 2 名増員） 2025 年＝ 2024 年と同じ
全社	〈2〉	● Web サイト構築費、広告費、イベント出展費（年 1 ～ 3 回、協賛費）	2025 年＝ 50 万円 2024 年＝ 100 万円 2025 年＝ 250 万円 2026 年＝ 400 万円
全社	〈4〉	発送配達費が 2024 年から大幅に上昇	2024 年は 2023 年比 110% 2025 年は 2024 年比 110%
第1食品	〈5〉	● 2024 年圧搾機（500 万円）＝年間償却費 77 万円 ● 2024 年加熱ニーダー（水分飛ばし）700 万円（償却費 100 万円）	2024 年　ニーダー償却費 100 万円 2025 年　ニーダー償却費 100 万円
第2食品	〈7〉	● 2025 年に計量包装機（2500 万円）購入。償却費 350 万円 / 年	償却費 350 万円
第2食品	〈8〉	修繕費　2025 年 ●ミキシングマシンの改造費 100 ～ 200 万円の修繕費	100 ～ 200 万円の修繕費
第2食品	〈9〉	設備　2025 年 ●注入器 500 万円（償却費 70 万円）	償却費 70 万円

（8）KPI 監査モニタリング

　F社では毎年経営計画を立て、商材別売上、粗利計画も作成していたし、業績チェックも行っていた。

　今度の経営改善プロジェクトでは、「行動プロセスを数値化する KPI 設定」をし、自分たちで PDCA を回すために、外部のコンサルタントが KPI 監査を行うこととした。

　そこで「積極戦略」で出た「顧客視点」「業務プロセス視点」の各 KPI をモニタリングシートに記載し、その進捗を追うことにした。このシートには改善プロセスがわかるように PDCA の結果も記載されている。

　このように売上・利益の結果ではなく、KPI を追いかけることで「具体的な決定事項」が出しやすくなった。特に KPI モニタリングでは、この行動プロセスで「何を、どこまでしたのか？」を検証し、次の2か月間の目標達成に向けての具体的な取り組みをイメージしてもらった。

　最初はどうしても、初月にいろいろな事項を同時に取り組もうとして、あぶはち取らずになりがちである。だから、すぐやるべきことと半年後から取り組むことを分けて、全体の行動数を減らした。

　なぜなら、途中で営業部員が退職したり、引き継ぎに時間を取られたりして、思うように行動できないことがあるからである。そこで、段階別の行動予定にリスケジュールをしたのである（162 〜 163 ページ参照）。

（9）KSF 〜 KPI 〜アクションプランの流れと KPI 監査後の変化
（164 〜 167 ページ参照）

　これまでの業績チェックは、結果を見るだけで、次に打つべき対策や継続事項のチェック、およびその調整で時間をとられていた。

　しかし、KPI 監査にしたところ、チェックの数が多すぎて、1回の会議では議論できないボリュームになってしまった。そこで、私が入った業績検討会では、事前に管理職に「KPI チェック」をしてもらい、その中で大きな課題や戦略商材についてに絞って議論するようにした。

　その結果、これまでの売上中心のチェックから KPI チェックとなり、行動内

容の数値化が進んだことで、ある効果を見出した。

　それは、今までの営業会議で営業課長が「やっています」とか「提案しています」とか言っていたのが、「どこに何件どうした」とKPI目標で明らかになったことで、抽象的な返答ができなくなったのである。

　したがって、会議での決定事項がより具体的になり、曖昧な表現や精神論が減ったのである。しかしながら、KPI監査だけではまだまだ本当の効果は出てこない。やはりアクションプランを詳細に煮詰めない限り、具体的なアクションにならないのが現実である。それでも、売上・利益という結果だけのチェックに比べれば、内容が相当濃くなったのは事実である。

　第1食品でのKSF〜KPI〜アクションプランを見てみよう。

　第1食品の最初の積極戦略（KSF）に「精糖マシン活用を同業者から受託する戦略」がある（152ページ）。これは自社の「強み」であり、製造能力の高い精糖マシンは余力があり、他社製品製造も可能だという。さらに、同業大手も自社の精糖マシンの余力があり、地方の精糖マシンを持たない中小零細に「受託」の営業をしている。

　F社はそこに目をつけた。大手同業者の「精糖マシンの受託金額が高い」ということだ。これは簡単な理屈で、当エリアから製品を配送し、また返却するコストが高いからである。ならば地の利の近さで、「物流コストが抑えられる戦略」をとる。売り文句は「低コスト」で、西日本の当該エリアに点在している同業者をターゲットとした。したがって、顧客視点KPIでは「西日本エリアの小規模調味料メーカーを10件開拓」にした。

　もう1つが、この手の甘味調味料に興味を示したあるJA単協があった。JAが興味があるということは、他のJAでも似たようなニーズが潜在的にあるかもしれない。そこで2つめの顧客視点のKPIは、「西日本4県のJA単協で受託4件」を設定した。

　そして、顧客視点KPIを実現するためにも、「マーケティング」や「販促」「組織体制・仕組み」などのプロセスを整理した。

　各見込み客では「精糖マシンを使うニーズ」が違うので、まず見積書を出すためにはニーズをしっかり聞き出す行動が必要になる。したがって、業務プロセス視点KPIでは、「ニーズの聞き出しと提案書提出数量」が目標設定された。各KPIの目標値は「KPI監査モニタリングシート」作成時に決定された（162ページおよび164ページ参照）。

KPI 監査モニタリングシート　第 1 食品

実施項目（何をどうする）	視点	KPI 内容	担当者	2023 年度 7-8 月 計画	実績	対策	9-10 月 計画	実績	対策
●製糖マシンの製造能力を PR し、大手の受託金額と同じで、しかも配送コストが少ないことをアピール	顧客視点	● KPI：小規模調味料メーカー 2026 年までに西日本内で 10 件開拓	EY						
		● KPI：西日本 4 県 JA へ天然甘味料製造の受託先 2026 年までに 10 件	EY、KU						
	業務プロセス視点	● KPI：各県小規模調味料メーカーへ見積提出数	KU	0	0	まず全国の業者リストが 30 社集まった（Web から）。DM 内容が決まらない	4	1	DM の文案策定、Web のページ作成遅れて、1 件送付。反応なし
		● KPI：各県 JA で天然甘味料づくりの困りごと聞き出し数と提案書提出数	EY	0	0	近隣 JA2 件からヒアリング済み。企画書はまだ未作成	1	1	とりあえず近隣 JA へ提案書提出。まだ反応なし
●西日本全域の菓子メーカー、パンメーカー、パンショップへ「砂糖不使用商品開発」を提案 ●粒なし濃縮甘味料の製造	顧客視点	● KPI：新規取引数＝ 10 件／年	EY	0	0	未行動	0	0	製菓パン業者リスト完成。提案書が 10 月完成予定
	業務プロセス視点	● KPI：提案書作成数と試作品数	KU	0	0	試作品は製造で作成中。まだ官能検査できず	2	1	試作品と提案書が 1 組完成。既存の取引先 1 社へ提出
● JA 単協で女性部会からの天然甘味料と調味料でアウトソーシング	顧客視点	● KPI：西日本各県の JA 婦人部のリスト先へ DM 数	KA	0	0		0	0	西日本の JA リスト作成。DM 内容完成
	業務プロセス視点	● KPI：DM 後のデモ試作数	KU	0	0		0	0	デモ用試作（プロトタイプ）1 品完成
		● KPI：天然甘味料・調味料のアウトソーシング関連動画配信数							
●製造も協力して、地元中心にマネキンによる試飲会と特売の多頻度化	顧客視点	● KPI：量販店、道の駅等でのマネキンによる試飲会数	EY、KU	2	3	マネキン解禁顧客に提案。来月以降は他の店舗での提案	4	5	1 店舗で 2 回実施したケースあり
		● KPI：マネキンがいなくても量販店の特売鳥陳列の実施数	EY、KU	2	4	特売島陳列は前回から提案している所が予定通り実施	4	3	マネキンと島陳列が連動しない大手流通が多い
	業務プロセス視点	● KPI：マネキン販売時の顧客の声収集	EY	10	10	顧客の声は取りやすかった	20	24	意図的に聴くと答えてくれる消費者が多い（特に女性年配者）
●自社の「濃い味調味料」ブランドシリーズで地元調味料を打ち出す	顧客視点	● KPI：特売スポット実施数	EY						
	業務プロセス視点	● KPI：地場コーナー設置数	EY						
●加工調味料、食べる甘味料の新チャネルの販売	顧客視点	●アマゾン、楽天、ヤフーの通販小規模業者向アタック数	EY						
		●物産系、スポーツ問屋へのDM と電話回数							
	業務プロセス視点	●展示会 3 日間でサンプル提供数＝ 500 個	EY						
		●名刺への毎月メルマガ配信数							

| | 2024 年度 | | | | | | | | | | | | | | | | | | | |
| 11-12月 | | | 1-2月 | | | 3-4月 | | | 5-6月 | | | 7-8月 | | | 9-10月 | | | 11-12月 | | |
計画	実績	対策	計画	実績	対策	計画	実績	対策	計画	実績	対策	計画	実績	対策	計画	実績	対策	計画	実績	対策
4			4			4			4			4			4			4		
0			2			2			2			2			2			2		
2			2			2			2			2			2			2		
2			2			2			2			2			2			2		
1			2			2			2			2			2			2		
			2			2			2			2			2			2		
4			4			4			4			4			4			4		
4			4			4			4			4			4			4		
20			20			20			20			20			20			20		

KSF → KPI → アクションプラン　（第1食品）

実施項目（何をどうする）	視点	KPI内容	計画と結果対策	担当
●製糖マシンの製造能力をPRし、大手の受託金額と同じでしかも配送コストが少ないことをアピール	顧客視点	● KPI：小規模調味料メーカー2026年までに西日本内で10件開拓	●各県の小規模調味料業者へ電話営業	EY
		● KPI：西日本4県のJAへ天然甘味料製造の受託先2026年までに10件	● JAリスト先に電話営業	EY
	業務プロセス視点		●ホームページに受託成功例の掲載	KJ
		● KPI：各県JAで天然甘味料づくりの困りごと聞き出し数と提案書提出数	● Webチームが受託成功例や受託者の声、製造風景の画像とコメントを定期的にSNSにアップ	
●西日本全域の菓子メーカー、パンメーカー、パンショップへ「砂糖不使用商品開発」を提案 ●粒なし濃縮甘味料の製造	顧客視点	● KPI：新規取引数＝10件/年	● Webページ、SNSに粒なし濃縮甘味料をPR	KJ
			●商品開発事例やレシピを定期掲載	KJ
	業務プロセス視点	● KPI：DM後のデモ試作数	●フードフェスタでPR	EY
		● KPI：天然甘味料・調味料のアウトソーシング関連動画配信数		
● JA単協で女性部会に天然甘味料と調味料をアウトソーシング	顧客視点	● KPI：西日本各県のJA婦人部のリスト先へDM数	●各県の調味料組合名簿、JA婦人部のリスト収集のDMとデモ、試作	EY・KK
			●アウトソーシングメリットの動画を継続配信	
	業務プロセス視点	● KPI：DM後のデモ試作数	●デモ試作の予定	
		● KPI：天然甘味料・調味料のアウトソーシング関連動画配信数	●配信動画のタイトルと配信予定	

2023 年			2024 年					
7-8 月	9-10 月	11-12 月	1-2 月	3-4 月	5-6 月	7-8 月	9-10 月	11-12 月

KSF → KPI → アクションプラン （第1食品）　続き

実施項目（何をどうする）	視点	KPI内容	計画と結果対策	担当
● 製造も協力して地元中心にマネキンによる試飲会と特売の多頻度化	顧客視点	● KPI：量販店、道の駅等でのマネキンによる試飲会数	● マネキン販売の企画書を作成し提案	EY
		● KPI：マネキンがいなくても、量販店の特売島陳列の実施数	● マネキン販売状況を撮影	EY・KK
	業務プロセス視点	● KPI：マネキン販売時の顧客の声収集		
● 自社の「濃い味調味料」シリーズで地元調味料を打ち出す	顧客視点	● KPI：特売スポット実施数	● 継続した販促、エンド、島陳列で地元認知度を上げる	EY
	業務プロセス視点	● KPI：地場コーナー設置数	● 地場物産、道の駅でコーナー設置（月別・ターゲットごとの行動）	EY
● 加工調味料、食べる甘味料の新チャネルでの販売	顧客視点	● アマゾン、楽天、ヤフーの通販小規模業者アタック数	● 知り合いの登山 YouTuber、スポーツ YouTuber に栄養補給を PR してもらう	EY・KJ
		● 物産系、スポーツ問屋へのDM と電話回数	● Web と SNS からコメントやサンプル提供で関係をもつ	EY・KK
	業務プロセス視点	● 展示会3日間でサンプル提供数＝500個	● スポーツショップ系の問屋開拓	EY・KK・KJ
		● 名刺への毎月メルマガ配信数		

2023 年			2024 年					
7-8 月	9-10 月	11-12 月	1-2 月	3-4 月	5-6 月	7-8 月	9-10 月	11-12 月

memo

SWOT分析&シンプルBSC
を活用した
経営計画とKPI監査

《事例２　機械部品製造加工》

執筆：斉藤恭明　加藤かおり

事例2 機械部品製造加工

《事例企業の概況》

　M社は関西で精密機械部品加工業を営む、創業70年の中小企業である。現在の代表取締役社長は3代目で45歳。

　主力事業は機械用精密部品の加工を中心とする金属部品製造加工業である。売上高は2億5,000万円〜3億5,000万円で、従業員数は28名〜30名である。

　機械用精密部品の加工の種類は大別して5種類あり、中小の事業者は5種類のうち1種類の加工のみを専門に行う場合が多いが、M社は5種類の加工すべてをこなせるのが特徴である。

　会社の組織体制は、受注管理課、製造第1課、製造第2課の3課に分かれている。

　受注管理課は、営業、見積、工程管理、製品検査、配送、経理と、製造加工以外の業務を行っている。

　製造第1課は、材料を製品化するための1次精密断裁を行っている。

　製造第2課は、第1課で断裁された部品の精密切削加工と部品どうしのすり合わせ調整を行っている。

　バブル経済期以後の「失われた30年」の間に職人の高齢化が進み、先代に育てられた60歳前後のベテラン職人が多く、組織若返りを図るために、12年前から新卒の若手職人を採用してきたが、技術の伝承とコミュニケーション不足が大きな課題になっている。

　加えて、製造第1課は先代が育てた、たたき上げの職人が幹部になっていて、製造第2課は廃業する同業他社から中途採用した技術力の高い50歳前後の職人が多く、製造第1課と製造第2課との間に「身内」と「よそ者」のような軋轢がある。

　また、受注管理課の営業担当者は、「御用聞き」と「配送」が営業の仕事

と考えている感があり、今後、技術営業として育成していく必要がある。

　創業者は3代目の祖父である。創業者は戦前、広島県呉市の海軍工廠で精密加工の技術を学び、戦後、関西で精密部品加工業を興したのが始まりである。

　創業者は旋盤以外にフライスやマシニングセンターを使う加工ができた。当時、汎用旋盤を使う職人が主力で、プログラムを必要とするマシニングセンターを使える職人は少なかったので、他社に比べて優位性があった。また、旧帝国大学の優秀な学生から精密部品加工の計算式を教えてもらう機会に恵まれ、創業当初から中小企業としては技術力に定評があった。

　平成元年には2代目（3代目の実父）が社長に就任し、バブル景気のときに大きく業績を伸ばした。

　2代目の加工技術はより一層洗練されたものだった。機械に組み込まれた部品が故障すると、図面が存在しなくても、現物の調査によって部品を再現することが可能であった。また、部品加工をする際に部品間のすり合わせを行い、正しく動作させる微調整技術を有している。

　M社は、このすり合わせの技術を持っていることで、提案型の加工ができるのが強みである。顧客からもらった設計図のとおり加工しても、理論と現実の間で生じる「誤差」により、顧客が部品を組み立てても期待通りに動作しない問題が発生することがある。

　2008年のリーマンショック以前は、発注者側は部品の加工を外部業者に委託し、発注者自身が外部業者の加工工程を管理し、部品の組み立て時に「誤差」をすり合わせ調整していた。しかし、リーマンショックを契機に、コスト削減と効率化のため、発注者側は設計と組み立てに専念し、外部業者には材料調達から加工、すり合わせ、工程管理まで要求する傾向が強まった。

　2代目は部品加工で高い知識と技術を備えていたが、従業員の育成において職人として成長させただけで、リーダーシップや組織人としての姿勢を指導していなかった。その結果、社長以外の従業員は職人の集まりという歪（いびつ）な組織風土が形成された。

　加えて、ベテラン職人たちはそれぞれ高い技術力を持っているが、「自分は適切に仕事をこなしているのに」と考えることが多く、品質不良が発生すると、図面や他の課の問題を理由にする傾向が強い。

《KPI 監査（シンプル BSC）に取り組む理由》

筆者と M 社との出会いは、筆者が「経営者の会」で開催したセミナーに3代目社長が参加したのがきっかけである。

その後、M 社が立地する工業団地でもセミナーを開催させていただく機会があった。また筆者がコロナ禍中に開催した社長塾に3代目社長も参加された。

3代目はこのセミナーで、企業戦略の遂行を支援するバランス・スコアカード（BSC）や重要業績評価指標（KPI）について学び、特にシンプル BSCに興味を抱かれた。

M 社が委託している会計事務所は先代からの繋がりによるものであり、3代目の社長がその会計事務所に不満を抱いているような様子はなかった。しかしながら、社長は自身の戦略遂行をサポートしてくれるパートナーを求めていた。

そうした経緯から、筆者は社長のニーズに応える形で経営者のパートナーとしての役割を受け持つこととなった。筆者自身も税理士事務所を経営しているが、M 社とは会計税務顧問ではなく、経営コンサルティング業務に限定して契約を結んだ。

3代目社長の就任は平成30年である。3代目は平成26年に「経営者の会」に入会し、経営指針書を作成するようになった。当初は経営理念を中心にした抽象的な内容だったが、次第に機械の稼働時間、生産個数、作業指示書の枚数など、「業界独自の KPI」を経営指針書に取り入れるようになった。しかし、職人たちはこれらの業績指標の管理の重要性をあまり認識していなかった。実際、「そのような管理数字を使うのは大手企業のやることだ」と主張する幹部もいたのである。

すべての部署の社員が協力し、円滑に連携することで組織としての力が最大限に発揮されるのが経営の要である。

そこで、戦略マップを活用して、戦略の全体像を見える化し、全社員で共有するとともに、目標を達成するための「M 社独自の KPI」を明確に定め、その KPI を支える行動をしっかり改善していくことが重要となる。そのために、KPI 監査（シンプル BSC）に取り組むこととなった。

まず、BSC で使われている「戦略マップ」を使って社長の考えを整理した。

戦略マップとは、【財務の視点】⇔【顧客の視点】⇔【業務の視点】⇔【人材と組織の視点】から戦略目標を作成し、その因果関係を考え、それを遂行する行動をKPIにして予実管理するものである。

　M社の経営課題を解決するための方法はたくさんあるが、上述したものとヒアリングしたものをピックアップすると下記のとおりになる。

- 財務の視点：収益基盤の安定、新規顧客の開拓とリピート率のアップ
- 顧客の視点：高い図面対応力の利用、高齢化問題対策、納期遵守率の向上
- 業務の視点：生産技術の向上、品質の向上、納期管理
- 人材と組織の視点：加工技術の伝承、技術提案営業の育成、職人からマネジメント人材へ脱皮する幹部の育成、若手とベテランのコミュニケーションの充実、製造第1課と製造第2課の軋轢の解消

　戦略マップをプロジェクターに投影して社長の考えを整理していく。これが筆者の伴走支援の方法である。両者で記入された事柄を確認しながら進めることが重要だ。

　この段階では具体的なKPIの設定はしない。なぜなら、KPI監査の前に、まず社長の考えを整理することが最優先だからだ。これが伴走支援の鍵だと考えている。

　これまで社長が作成していた経営指針書は、一言でいうと単なる文字の列挙であり、その内容を社員に熟読させ、会議で唱和させても、効果はさほど上がらない。

　それに対して、戦略マップを活用して各戦略の因果関係を見える化していくと、社員がお互いに深く共有していくことになる。そして、各戦略を遂行するために必要な成功要因（KSF）と具体的なKPIを検討し、それらの達成状況を管理することで、実際に効果を上げることができる。

（1）現状把握

　3代目は、2019年に社長に就任したが、不運なことにコロナ禍となり、売上が大幅に減少した。次ページ以降に記載されているとおり、コロナ禍直前の2019年度において営業利益5,010千円計上した後、2020年度▲26,513千円、2021年度▲31,126千円、2022年度▲11,255千円と3期連続の赤字を記録しており、営業利益の黒字化が急務となっている。

直前期の損益状況　　　　　　　　　　　　　　　　　　　（単位：円）

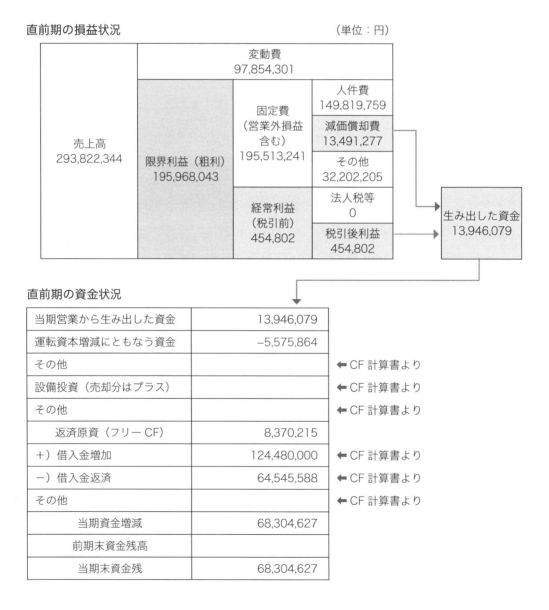

直前期の資金状況

当期営業から生み出した資金	13,946,079	
運転資本増減にともなう資金	−5,575,864	
その他		←CF 計算書より
設備投資（売却分はプラス）		←CF 計算書より
その他		←CF 計算書より
返済原資（フリーCF）	8,370,215	
＋）借入金増加	124,480,000	←CF 計算書より
−）借入金返済	64,545,588	←CF 計算書より
その他		←CF 計算書より
当期資金増減	68,304,627	
前期末資金残高		
当期末資金残	68,304,627	

変動損益計算書（5期分）

（単位：円）

科目		5期前	4期前	3期前	2期前	直前期
		2018年度	2019年度	2020年度	2021年度	2022年度
売上	売上高	305,611,110	370,505,535	314,321,999	246,783,253	293,822,344
	売上高合計	305,611,110	370,505,535	314,321,999	246,783,253	293,822,344
変動費	原材料費（売上原価）	17,132,640	21,913,842	10,766,948	9,109,976	21,005,178
	外注費	72,014,528	124,850,663	101,581,006	51,863,620	62,317,916
	電力・水道光熱費	4,120,370	4,199,321	4,179,580	3,878,607	4,086,190
	仕掛品調整	40,440	−10,358,956	−128,266	6,645,121	−7,027,461
	製品調整	0	0	0	−3,037,851	1,623,278
	消耗工具費	8,400,859	11,632,874	9,505,100	8,719,667	10,583,909
	運賃	2,985,195	6,889,385	5,363,005	3,662,094	5,265,291
	その他変動販売費					
	変動費合計	104,694,032	159,127,129	131,267,373	80,841,234	97,854,301
限界利益（粗利）		200,917,078	211,378,406	183,054,626	165,942,019	195,968,043
平均限界利益率（粗利率）		65.7%	57.1%	58.2%	67.2%	66.7%
固定費	製造人件費（労務費）	107,455,014	115,265,053	114,765,755	99,466,710	102,717,969
	販管人件費	26,312,913	26,939,278	36,579,919	46,321,291	47,101,790
	通信費	686,121	693,362	668,354	588,702	624,593
	減価償却費（製造）	19,392,055	15,594,002	14,716,301	12,296,947	13,264,021
	減価償却費（販管）	649,703	696,083	778,585	275,937	227,256
	広告宣伝費	99,169	79,102	715,363	1,303,360	1,039,943
	接待交際費	1,972,731	1,770,103	1,815,778	1,869,004	1,656,592
	リース料	1,171,350	1,858,710	2,168,377	3,359,317	4,520,460
	修繕費	6,475,361	12,930,972	8,824,090	4,317,032	4,287,410
	消耗品費	4,362,642	4,817,380	4,612,325	4,642,736	7,998,322
	旅費交通費	4,363,370	5,408,795	4,870,386	4,061,072	4,367,745
	保険料	5,646,602	4,064,551	3,553,261	2,440,192	2,773,407
	地代家賃	5,519,469	5,811,101	5,870,576	6,153,761	7,660,103
	租税公課	1,755,752	1,918,152	1,906,478	1,626,999	1,021,106
	報酬					
	その他販管固定費	6,982,830	8,520,982	7,722,740	8,345,740	7,962,371
	固定費合計	192,845,082	206,367,626	209,568,288	197,068,800	207,223,088
営業利益		8,071,996	5,010,780	−26,513,662	−31,126,781	−11,255,045
営業外	営業外費用	1,615,139	1,613,301	1,013,814	4,837,611	744,751
	営業外収益	5,435,432	22,857,956	5,641,869	22,093,643	12,454,598
経常利益		11,892,289	26,255,435	−21,885,607	−13,870,749	454,802
自己資本比率				65.53%	59.70%	43.11%

運転資本の増減（5期分）　　　　　　　　　　　　　　　　　　　　　　　　（単位：円）

科目		5期前 2018年度	4期前 2019年度	3期前 2020年度	2期前 2021年度	直前期 2022年度
現金預金						
売上債権	受取手形					
	売掛金	53,879,227	58,838,349	54,340,301	48,900,456	51,067,514
	売上債権合計	53,879,227	58,838,349	54,340,301	48,900,456	51,067,514
棚卸資産	商品					
	製品				3,037,851	1,414,573
	原材料					
	仕掛品	1,342,210	11,701,166	11,829,432	5,184,311	12,211,772
	貯蔵品					
	棚卸資産合計	1,342,210	11,701,166	11,829,432	8,222,162	13,626,345
買入債務	支払手形					
	買掛金	11,089,969	13,779,430	8,751,946	8,632,290	10,627,667
	買入債務合計	11,089,969	13,779,430	8,751,946	8,632,290	10,627,667
運転資本の増減		44,131,468	56,760,085	57,417,787	48,490,328	54,066,192

　ただ、M社は幸運なことに、70年の長きにわたり事業継続してきたおかげで、自己資本比率は2020年度66.53％、2021年度59.70％、2022年度43.11％という数字である。また、事業再構築補助金の申請が承認され、金融機関の協力も得られることが確定した。

　このような状況から、以下の事業再生の重要課題が浮かび上がった。

●新商材を通じた新規顧客の開拓

●利益率の高い仕事の受注の強化

●既存顧客と新規顧客のリピート率の向上

●納期や品質を遵守するための技術力の承継

---

(2) 必要利益の背景と差額

　現在、M社は3期連続で赤字を計上しており、今後も赤字が続く可能性が高まっている。この状況においては、過去に蓄積した自己資本があるとはいえ、今後の見通しに対して余談を許さない状況だ。借入金を返済するための原資となる2022年度のEBITDA（営業利益＋減価償却費）は、最終営業利益が赤字とはいえ2,236千円あり、新たな設備投資を行っても、本業をしっかりと運営し返済原資を確保できれば、事業再生の余地があると言える。

　M社の負債総額は、コロナ借入金を含めて253,000千円である。銀行が正常な貸出先と判断する条件として、債務償還年数が10年未満でなければならない。そのために必要なEBITDAは25,000千円以上である。この目標を達成するために、数々の改革案を検討し、社長との協議を繰り返した。

　その内容は、従業員の昇給や燃料費・水道光熱費の上昇が見込まれることから、固定費が約10％増加すると仮定した。また、材料費の高騰が予測されるが、過去の経験をもとに外注費率を下げることと、受注時の値上げ交渉で相殺し、変動費率は現況維持とした。

　これらから逆算すると、売上高は既存顧客の強化と新規開拓によって20％増加することが必達課題である。この課題を解決するためにさまざまな分析をしなければならない。M社の得意先は約180社あるが、いったいどの得意先から利益を出しているのだろうか？　強化すべき得意先は？　強化すべき加工方法は？新規開拓のほうがよいのか？

　中小企業の大半は管理会計を導入していないので、分析するデータが少ない。ヒアリングを開始すると、M社には独自の生産管理システムが存在することが明らかになった。しかしこれを使って管理しているのは、機械の稼働時間・生産個数・作業指示書枚数と納品期限程度だった。

　CSVデータの抽出により、得意先ごとの売上高や加工種別ごとの機械の稼働時間、材料費などのデータが集計でき、この情報をもとにパレート分析を行った。結果はパレートの法則のとおり、得意先180社中上位の20％の30社で80％の売上高を構成していることがわかった。これらのデータとヒアリングに基づいて、後述するSWOT分析を実施した。

必要売上・利益 および差額金額の把握

> 直前期のデータをもとに、可能性のある3つのパターンでシミュレーションを行う（返済原資は決まっているが、売上、変動費、固定費が変化することで、どこに注力すべきか経営者に意識してもらう）。
> 最終的には、「現状の売上・粗利」と「必要売上・粗利」との差額を確定し、経営計画用の売上・粗利を決める。

（単位：円）

		リスク・シナリオ（破局）	返済・成長投資可能目標
	売上高増減	0%	20%
	変動費増減	10%	20%
	固定費増減	0%	10%
現状（直前期）		⬇	⬇
売上高	293,822,344	293,822,344	352,586,813
変動費	97,854,301	107,639,731	117,425,161
固定費	207,223,088	207,223,088	227,945,397
営業外損益	11,709,847	11,709,847	11,709,847
税引前利益（a）	454,802	−9,330,628	18,926,102
減価償却費 （b）	13,491,277	13,491,277	21,697,496
運転資本増減（c）	−5,575,864	−5,575,864	−5,575,864
その他			
設備投資 （d）			−74,000,000
その他 （e）			60,000,000
返済原資	8,370,215	−1,415,215	21,047,734

（a）＋（b）＋（c）＋（d）＋（e）

返済・成長投資可能目標

（単位：円）

	現状	必要額	差額
売上高	293,822,344	352,586,813	（d） 58,764,469
変動費	97,854,301	117,425,161	（e） 19,570,860
固定費	207,223,088	227,945,397	20,722,309
税引前利益	454,802	18,926,102	18,471,300

必要額 − 現状

※ 2022年度（直前期）返済原資（EBITDA）について
M社では直前期の営業外損益にコロナ等の助成金が多く含まれており下記の算式で返済原資（EBITDA）を算定した。
2022年度返済原資（EBITDA）＝ 45 4千円（税引前利益）− 11,709千円（営業外損益）+13,491（減価償却費）＝ 2,236千円
2023年度目標（EBITDA）＝ 18,471千円（税引前利益）− 11,709千円（営業外損益）＋ 21,697（減価償却費）＝ 28,459千円＞25,000千円

（単位：円）

売上高改善案	変動費改善案	固定費改善案
10%	10%	0%
10%	20%	0%
0%	0%	−5%
⬇	⬇	⬇
323,204,578	323,204,578	293,822,344
107,639,731	117,425,161	97,854,301
207,223,088	207,223,088	196,861,934
11,709,847	11,709,847	11,709,847
20,051,606	10,266,176	10,815,956
21,697,496	21,697,496	21,697,496
−5,575,864	−5,575,864	−5,575,864
36,173,238	26,387,808	26,937,588

経営計画用
差額売上高
58,764,469

経営計画用差額
売上総利益
18,471,300

(3) クロスSWOT分析「強み分析」

　M社は「経営者の会」に積極的に参加し、毎期、経営指針書を作成している。しかし残念なことに、「強み分析」の際にしばしば「強み＝良い点」と混同しているケースが見受けられる。真の強みとは、それを利用して「顧客の視点」に働きかけられるかどうかによって判断されるべきものである。こうした状況を受けて、経営指針書に記載されている「強み」について、詳細に掘り下げてみた。

❶設備・技術力の強み

---

①少量多品種の加工が可能である。
②材料共全加工ができる。
③加工会社としての幅が広い。
④3S活動（整理・整頓・清掃）に取り組んでいる。
⑤機械設備が増加し、充実している。

■設備・技術力の強みについての掘り下げ
　①具体的には、業界全体で部品加工の方法が5種類存在するが、5種類すべてに対応できる企業は稀である。M社はこの点で、多様な加工方法が可能な強みを有している。
　②材料の仕入れから加工までを一貫して行う中小企業は限られている。多くの場合、加工のみを行う企業が主流である。しかし、M社は自社でその工程を管理・実施できるので、発注元が工程管理やすり合わせを行う手間を省くことができる。
　③戦前より業界で使用されている異なる3種類の図面の理解が可能な技術力を保持している。これにより、幅広い要求に応えることができる。
　④3S活動への取り組みは、職場環境の改善や効率化に寄与し、品質向上にも寄与する。これによって、M社は継続的な改善を追求し、競争力を高める姿勢を示している。
　⑤数年前に同業他社の廃業にともない、特殊な大きさの部品加工ができる機械を時価の50分の1の価格で取得できた。また、その他にも、廃業していく同業者からさまざまな機械を低コストで取得できた。

❷人の強み

①若手人材が多く、将来への展望が明るい。
②従業員が個々に向上心をもって取り組んでいる。

■人の強みについての掘り下げ

①現在、精密部品加工業界においては職人の高齢化が進行しており、顧客側はメンテナンスの重要性を考慮する中で、長期間にわたって取引ができる会社を求める潜在的ニーズがある。そのため若手の職人が多く在籍することは、顧客に対して安心感を提供する要因となる。

加えて前述の「人の強み」には含まれていなかったが、特殊な大きさの部品を加工するための機械を操作できる職人が、日本国内では極めて限られている。しかしながら製造第2課には、この特殊な機械を操作できる職人を偶然中途採用している。

②M社の従業員は個々に向上心を持ち、自己啓発に努めている。この姿勢により、技術やサービスの向上を促進し、顧客に高品質な価値を提供できる基盤が築かれている。

❸営業の強み

①得意先が多く、日本全国に広がっている。
②地域では唯一の精密部品加工メーカーである。

■営業の強みについての掘り下げ

創業70年の老舗企業であり、通常M社と同等の規模では直接取引が難しいような旧財閥系の機械メーカーの顧客が多く、M社が立地する地区ではオンリーワン的な存在である。

（182～183ページ参照）

クロス SWOT 分析　「強み」をどう活かすか

会社名・部門名		差額売上	
実施日・SWOT 分析参加者		差額利益	

		強み（内部要因）と
	カテゴリー	ヒント
A	既存顧客、既存チャネルの強み	●顧客台帳・リスト数・DM 先数・アポが取れる客数 ●常連客、A 客の数、ロイヤルカスタマーになった理由 ●有力な顧客先となぜその顧客が生まれたかの要因
B	既存商品、既存仕入先、取引業者の強み	●この取扱商品を持っていることでのプラスの影響 ●この仕入先、外注先、取引先を持っていることでのプラスの影響 ●この販売エリア、マーケティングチャネルを持っていることのプラスの影響
C	技術、人材、知識、ノウハウ、経験の強み	●技術、ノウハウの具体的な「強み」で顧客から評価されている事項 ●顧客が評価する技術や知識、経験を持った人材の内容 ●顧客が評価する社内の仕組み、システム、サービス
D	設備、機能、資産の強み	●他社に優位性を発揮している生産設備、什器備品、不動産 ●顧客が認める組織機能（メンテ、営業サポート、物流など）
E	外部から見て「お金を出してでも手に入れたい」と思われること	●もし M&A されるとしたら、買う側はどこに魅力を感じるか ●買う側が魅力に感じる顧客資産とは
F	外部から見て「提携」「コラボ」「相乗り」したいと思われること	●協業を求める外部資本が魅力を感じる顧客資産・商材資産、組織機能資産

課題整理1	
課題整理2	

活かせる分野

ヒントの答え	横展開の可能性
● 創業者が呉の海軍工廠で精密機械部品の加工技術を学び、創業時代から技術力に定評があった ● この地区では精密部品加工業者が少なく、また当時は旋盤に頼る業者が多かったが、創業者は旋盤以外にフライスやマシニングセンターを使って仕事をすることができた ● 旧帝国大学の優秀な学生から精密部品加工の計算式を教えてもらう機会に恵まれたことで、旧財閥系の機械メーカーとの取引が多い	● 精密機械部品加工業界では旧財閥系の機械メーカーとの繋がりが信用となることが多く、生産キャパシティを大きくできれば、他の機械メーカーからも受注を増やすことができる
● 精密機械部品の加工方法は大きく分けると5種類で、それに口径の大小を組み合わせたものが商品となる ● 当社では5種類の加工方法すべてがあるのが強み	● 5種類の部品加工ができることで見込み顧客の設計段階からの相談に応じることができ、1種類の加工しかできない他社に比べて新規獲得の機会が多い
● 数年前に廃業した同業他社からすり合わせ加工技術の高い人材を雇用することができ、その中にA種類部品の加工ができる職人Tがいた ● 昭和初期のインフラに使われている図面は3種類の考え方があり、現在の基準に書き換えるのは難しいが、当社は古い図面のまま対応できる ● 旧財閥系機械メーカーの品質検査資格を持つ社員が社内にいる ● 12年前より新卒雇用を実施し職人の若返りを図っている	● A種類部品の加工ができることをきっかけに新規開拓を行うことができる ● 日本のインフラ機械は昭和時代に納品されたものが多く、図面が古く曖昧なものが多い。そのため当社の技術を求める潜在ニーズがある ● 職人の若返りによって長期間安定的に取引できることをアピールし、シェアを伸ばす
● A種類部品の加工ができる中古の機械等を新品の約50分の1の価格で購入し所有している	● 精密機械部品加工業界は機械が高額なので、当社と同等規模の会社が新品のA種類部品の加工機械を購入することは考えられず、当社の市場占有率を上げられる可能性が高い
● A種類部品の加工は国内でできる会社が少なく、価格のリーダーシップをとれるのではないかと推察する	

（4）クロス SWOT 分析「機会分析」

M 社を取り巻く業界の環境分析をすると、以下のようになる。

---

❶新規参入の脅威

　設備の高価さと熟練した操作技術の必要性から、新規参入の障壁が非常に高い。このため、新たな競合企業の参入はほとんど見込まれない。

❷同業他社の競合状態

　廃業する同業者が増加しており、特に熟練した職人の高齢化が進行している。さらに、海外新興国の技術力が向上してきている。

❸買い手の交渉力

　得意先からの値下げ要請が頻繁に発生しており、買い手側の交渉力が高まっている。

❹売り手の交渉力

　原材料価格の高騰により売り手の交渉力も高まっている。

❺代替品の脅威

　他の動力伝導装置への切り替えが検討される可能性がある。

■掘り下げについて

● 業界内で廃業する企業が増加しているため、中古設備を低コストで入手できる機会が増える。

● 5 種類の加工のうち特に部品 A は産業インフラの設備機械に多く使用されており、コロナ禍での BCP（事業継続計画）の必要性から需要が高まっている。国内で迅速かつ安定した供給が可能であれば、価格支配権を握ることができる可能性がある。

● 専門職人の高齢化が進み、業界特有の技術やノウハウを持つ人材が激減しており、若手職人の育成を進めることで、顧客に長期間の継続取引ができるという安心感を与えることができる。

（186 〜 187 ページ参照）

（5）クロス SWOT 分析　KSF「積極戦略」

　上記の強みと機会を掛け合わせて「積極戦略（KSF）」を組み立てる。

　そのポイントは、どのような顧客（ターゲティング）の、どのようなニーズに、どのような強みをぶつけて、どのような成果を出すのか、をイメージすることである。これをしっかりイメージし、その行動を KPI 化できれば、本格的な経営伴走支援につながる。

---

❶新規顧客をターゲットとして

　ターゲット：A 部品を韓国に頼っていた顧客

　USP（独自の価値提案）：国内で迅速調達やメンテナンスが可能

　戦略ポイント：既存の強みである少量多品種の加工技術を活かし、国内での迅速な対応やメンテナンス能力を強調し、顧客のニーズに対応する部品の受注を増やす。さらに、他の種類の加工方法でつくる部品の需要を喚起し、多角的な受注を進める。

❷新規顧客、既存顧客をターゲットとして

　ターゲット：業界の高齢化に不安を抱く顧客

　USP：若手職人の育成と将来にわたる部品供給・メンテナンスの保証

　戦略ポイント：工場見学会を通じて若手職人の育成に対する取り組みや部品供給、メンテナンスの保証を顧客に伝える。将来にわたる信頼性をアピールし、顧客の不安を解消することで受注を増やす。

❸旧財閥系メーカーをターゲットとして

　ターゲット：戦前からインフラのメンテナンスをしている旧財閥系メーカー

　USP：3 種類の図面への対応力

　戦略ポイント：旧財閥系メーカーがメンテナンスしているインフラに使われている精密部品の図面は、現在の基準で統一すると不備が起こる可能性がある。それに対応できる会社が少なく、M 社は希少な存在として有利な条件で受注活動を行う。

（188 〜 189 ページ参照）

クロス SWOT 分析　「機会」をどう深掘りするか

No.	深掘りする質問	機会（O）…これから求められる 聞き出すヒント
1	B、C ランク客の具体的なニーズ	●めったに買いに来ないお客が求めるニーズ ●日ごろ購入する業者で買わず、少量・臨時の購入で自社に来た理由
2	予期せぬ成功・新たな可能性	●まさかそんな使い方をしているとは… ●そういうアイデアを顧客が持っているとは…想定していなかったニーズ
3	既存客・新規見込み客が使ううえでいら立っていること（困りごと）	●なぜそこまで時間がかかるのか、なぜそんなに高いのかの不満は何か ●どこも対応してくれないから仕方なく顧客が諦めていること
4	そこまで要求しないから、もっと低価格のニーズ（そぎ落としの低価格需要）	●必要な機能やスペックはここだけで、他はいらないと顧客が思っていること ●ムダな機能やスペック、過剰なサービスを減らしても顧客が喜ぶもの
5	おカネを払うから、もっとここまでしてほしいニーズ（高価格帯需要）	●顧客が困っていることに適応するなら高くても買う理由 ●こんな顧客ならこんな高スペックや高品質の商品を買うだろう
6	こんな商品あったら買いたい・こんな企画ならいけそうというニーズ	●このターゲット顧客が喜びそうな商品とは ●このターゲット顧客なら、こんなイベントや販促、企画、アフターサービスを求めるだろう
7	他社がやっている企画・商品で真似したいこと	●あの同業者のあの商品の類似品ならいけそうだ ●二番煎じでもいけそうな商品とターゲット顧客
8	知り合い（同業者・関係先・仕入先・コンサル・税理士等）から聞いた善意の提案	●顧客以外から聞いた新たな提案 ●新たな気づきの善意の提案は何があるか
9	その他、新しいビジネスモデルでの要望	●コロナ禍で生まれた新たなニーズ ●これからの顧客が求める商品サービスとは

ニッチ分野、顧客が費用を払うニーズ

どんな顧客が （どんな特性の顧客が）	具体的に何があるか	なぜそう思うのか、何が原因か （具体的に）
● Ａ種類部品の加工を海外に依存している産業機械やインフラ関連の機械を製作している顧客	● Ａ種類部品の加工ができる機械を破格で購入できた ● この機械を使える職人Ｔを数年前に偶然雇用していた	● Ａ種類部品の加工ができる会社は日本で３社。近隣外国では韓国のみのため
● 国内で精密機械部品の調達をしたい機械メーカー	● 新興国から精密機械部品を調達すると技術力が低く、また距離の問題でリードタイムが長期化する傾向がある	● 日本では業界特有の技術力やノウハウを持つ人材の後継が困難であり、納期遵守率が部品によっては40％くらいと非常に低い
● 昭和初期のインフラを手掛けた旧財閥系の機械メーカー	● 昭和初期は精密機械部品の設計図面の考え方が３種類あり、統一された規格がなかったインフラ設備に組み込まれている精密部品の１つを現在の規格に置き換えると、どのような弊害が起こるかわからないため、昔の図面のままで作ってほしいというニーズがある	● 中小の精密部品加工業界に３種類の図面に対応できる競合業者はほぼいないため、いつも自社に声がかかる
● 精密機械部品加工職人の高齢化に不安を持っている既存顧客	● 職人の若返り	● 日本全体の職人の高齢化

クロスSWOT分析（積極戦略ヒント付き）

		積極戦略		
積極戦略①	何を（商品商材）どうしたい（KSF）	顧客視点		
		ターゲット（顧客・チャネル）	今後の具体的なニーズ（買いたい理由）	求める具体的なサービス・付加価値・課題解決
	●A種類部品を国内で製造できることを武器に顧客を新規開拓する	●A種類部品の製造を海外に依存している顧客（新規顧客）	●国内インフラや産業用機械で使われているA種類部品は、海外で製造するとメンテナンスに多大な時間がかかるので、国内で製造したいニーズがある	●世界的に大規模な災害や紛争が頻発しておりBCP（事業継続計画）のニーズが高い
	組合せ	業務プロセス視点		
		マーケティング・販促戦略	製造・構築の仕方	成果を出す社内体制・組織・仕組み
	2-A, 2-C, 2-D	●途中入社の職人Tの前職取引先への開拓および訪問	●A種類部品製造機械の操作技術の向上	●A種類部品の製造勉強会の実施
積極戦略②	何を（商品商材）どうしたい（KSF）	顧客視点		
		ターゲット（顧客・チャネル）	今後の具体的なニーズ（買いたい理由）	求める具体的なサービス・付加価値・課題解決
	●若い職人を育成し、確実な継続取引をUSPにして既存顧客と新規開拓の売上アップ	●精密部品の加工職人の老齢化に不安を持っている既存顧客や新規顧客	●ゴーイングコンサーンを考えると加工業者の職人が若返りを図っていることが購買意欲を刺激する	●高齢化している下請けの取引先が多く、精密加工部品の供給を長期に続けてもらえるかの不安を払拭する
	組合せ	業務プロセス視点		
		マーケティング・販促戦略	製造・構築の仕方	成果を出す社内体制・組織・仕組み
	6-C	●顧客を招いて、若手職人の技術やマナーの向上に取り組む姿勢を見てもらう	●12年前から新卒雇用を続けた職人の若返りで安心感を与える	●若手リーダー会を発足し、会社の技術承継等をメインとした中堅社員の育成を行う
積極戦略③	何を（商品商材）どうしたい（KSF）	顧客視点		
		ターゲット（顧客・チャネル）	今後の具体的なニーズ（買いたい理由）	求める具体的なサービス・付加価値・課題解決
	●昭和初期の3種類の図面に対応できる技術で旧財閥系の機械メーカーからの売上を増やす（既存顧客）	●旧財閥系の機械メーカー（既存顧客）	●同業他社に3種類の図面に対応できる企業が少なく、高額でも受注できる	●厳しい検査基準に対応できる技術があり、メーカー独自の検査資格を保有する社員がいるので、早期納品が可能
	組合せ	業務プロセス視点		
		マーケティング・販促戦略	製造・構築の仕方	成果を出す社内体制・組織・仕組み
	3-C 5-C	●協力業者会の役員として、率先垂範して会合・会食等に参加	●L1図の精度を上げ、加工の工程を二重チェックする	●L1図をCADで作成できる人員を育成し、仕損じた場合の経過をしっかりとノウハウにする

（すぐに取り組む具体策）		
顧客視点 KPI 1	顧客視点 KPI 2	業績予測 （売上・個数・粗利率・粗利等）
● A 種類部品の発注可能性のある顧客への訪問回数	● A 種類部品の新規の受注額（千円）	初年度は売上高 100 万円／月、利益率 60％を目指す 2 年目以降は A 種類部品以外の加工部品の受注も増やす 売上高 150 万円／月
業務プロセス視点 KPI 1	業務プロセス視点 KPI 2	原価・経費予測 （設備投資、原価、必要経費等）
●製造勉強会実施回数	●製造動画作成件数	中古製造設備購入　新品の 50 分の 1 の価格（600 万円） 動画作成編集費　100 万円／年
顧客視点 KPI 1	顧客視点 KPI 2	業績予測 （売上・個数・粗利率・粗利等（
●既存顧客や新規顧客向けの工場見学会の実施数	●新規顧客の獲得件数	工場見学者数　　1 年目　60 件 　　　　　　　　2 年目　80 件 新規取引増加数　1 年目　30 件 　　　　　　　　2 年目　40 件 　　　　　　　　3 年目以降 リピート率を加える
業務プロセス視点 KPI 1	業務プロセス視点 KPI 2	原価・経費予測 （設備投資、原価、必要経費等）
●品質不良件数の削減のための改善提案採択数	●スキルアップ委員会を立ち上げ、会議の活性度合いを 5 段階で評価する	改善採択数　1 年目　　4 件以上／月 　　　　　　2 年目　　5 件以上／月 スキル点数の向上 　1 年目　全社員のスキルを 5 段階評価する基準を作成する 　2 年目　スキルマップを作成し、全社員のスキル向上計画を作成する
顧客視点 KPI 1	顧客視点 KPI 2	業績予測 （売上・個数・粗利率・粗利等）
●納期遵守率（％）	●旧財閥系機械メーカー売上高（千円）	1 年目　売上 5,000 万円 　　　　利益率 80％ 　　　　納期遵守率 75％ 2 年目　売上 5,500 万円 　　　　利益率 80％ 　　　　納期遵守率 85％
業務プロセス視点 KPI 1	業務プロセス視点 KPI 2	原価・経費予測 （設備投資、原価、必要経費等）
●協力業者会の参加回数	●図面勉強会開催数	協力業者会の参加回数　1 年目 14 回 　　　　　　　　　　　2 年目 14 回 図面勉強会開催数　　　1 年目 12 回 　　　　　　　　　　　2 年目 12 回

（6）具体策連動 中期収支計画

　これらの積極戦略を「具体策」に落とし込み、さらに数値化して「中期収支計画」を策定した。

クロス SWOT 分析の具体策連動 中期収支計画

科目	売上科目	商品または顧客	前年度実績	今期の予想	来期の予想	再来期の予想
売上	A新商品売上（A種類部品）	A種類部品、産業用機械やインフラ関連の機械を製作している顧客		9,000	18,000	18,000
	既存および新規顧客売上	若い職人を育成し、確実な継続取引を USP にして既存顧客と新規開拓の売上アップ	253,822	293,586	300,000	300,000
	旧財閥系の機械メーカー売上		40,000	50,000	60,000	65,000
	売上合計		293,822	352,586	378,000	383,000
原価	原材料・仕入（売上原価）		18,600	43,368	46,494	47,109
	外注費		56,823	66,991	71,820	72,770
	労務費		104,591	104,591	107,728	107,728
	その他製造原価		57,131	65,131	66,439	66,439
	原価計		237,145	280,081	292,481	294,046
	売上総利益（粗利）合計		56,677	72,505	85,519	88,954
	平均粗利率		19.3%	20.6%	22.6%	23.2%

（単位：千円）

戦略での概算数値（売上・原価・経費）整理	
クロス分析の戦略と具体策から捻出される売上概況・内容 （新商材・新規チャネル等売上の増や既存商材の売上減等）	新たに増減する売上高
〈1〉 ● A 種類部品を国内で製造できることを武器に顧客を新規開拓する	● 初年度は売上高 100 万円／月、利益率 60％を目指す ● 2 年目以降は A 種類部品以外の加工部品の受注も増やす 売上高 150 万円／月
〈2〉 ● 若い職人を育成し、確実な継続取引を USP にして既存顧客と新規開拓の売上アップ	● 工場見学者数 　1 年目　60 件 　2 年目　80 件 ● 新規取引増加数 　1 年目　30 件 　2 年目　40 件 　3 年目以降 リピート率を加える
〈3〉 ● 昭和初期の 3 種類の図面に対応できる技術で旧財閥系の機械メーカーからの売上を増やす（既存顧客）	● 1 年目 売上 5,000 万 利益率 80％ 納期遵守率 75％ ● 2 年目 売上 5,500 万 利益率 80％ 納期遵守率 85％
〈4〉	
〈5〉	
〈6〉 ● 材料費の高騰は受注時見積に反映させる	
〈7〉	● 外注比率を 20％以下に抑える
〈8〉	● 2 年ごとに 3％アップ
〈9〉 ● その他の製造経費には前年度に 13,500 千円の減価償却費が含まれており、今期からは新たな設備もあるため 21,500 千円が含まれている	● 減価償却以外は 2 年ごとに 3％アップ

クロス SWOT 分析の具体策連動 中期収支計画　続き

科目	費目	前年度実績	今期の予想	来期の予想	再来期の予想
販売費および一般管理費	人件費（法定福利費・福利厚生費・役員報酬含む）	44,699	40,699	47,923	47,923
	雑給	3,136	3,136	3,230	3,230
	支払手数料	3,030	3,030	3,120	3,120
	旅費交通費	1,323	2,323	2,323	2,323
	販促広告費	1,039	2,039	2,039	2,039
	接待交際費	1,656	1,656	1,656	1,656
	地代家賃	1,203	1,203	1,203	1,203
	リース料	1,849	1,849	1,849	1,849
	通信費	624	624	642	642
	租税公課	1,021	1,021	1,021	1,021
	修繕費	1,228	1,228	1,264	1,264
	事務用品費	1,341	1,341	1,381	1,381
	雑費	3,056	3,056	3,147	3,147
	その他経費	2,727	2,727	2,808	2,808
	販管費合計	67,932	65,932	73,606	73,606
	営業利益	−11,255	6,573	11,913	15,348
営業外	営業外支出	744	744	744	744
	営業外収益	12,454	300	300	300
	経常利益	455	6,129	11,469	14,904

（単位：千円）

クロス分析の戦略と具体策に該当する仕入または粗利に関する概況・内容（新商材・新規チャネル等で発生する原価や仕入、既存商材の売上ダウンに伴う仕入減、または粗利率の変動も含む）		新たに増減する原価・仕入
〈1〉	●初年度は役員報酬を減らして必要利益達成を目指す	●来期以降役員報酬の内一定額を事前確定給与とし、未達成なら支給しない
〈2〉		2年ごとに3%アップ
〈3〉		
〈4〉		
〈5〉		●新たな顧客獲得のための交通費を今期から100万円アップを見込む
〈6〉		スキルアップ動画の作成費用年間100万円計上
クロス分析の戦略と具体策に該当する経費支出・削減の科目と金額に関する科目と概況と内容（新対策で新たに発生する経費も含む）		新たに増減する経費
〈1〉	●A種類部品を国内で製造できることを武器に顧客を新規開拓する	中古製造設備購入 新品の50分の1の価格（600万円） 動画作成編集費 100万円／年
〈2〉	●若い職人を育成し、確実な継続取引をUSPにして、既存顧客と新規開拓の売上アップ	●改善採択数 1年目 4件以上／月 2年目 5件以上／月 ●スキル点数の向上 1年目 全社員のスキルを5段階評価する基準を作成する 2年目 スキルマップを作成し全社員のスキル向上計画を作成する
〈3〉	●昭和初期の3種類の図面に対応できる技術で、旧財閥系の機械メーカーからの売上を増やす（既存顧客）	●協力業者会の参加回数 1年目 14回 2年目 14回 ●図面勉強会開催数 1年目 12回 2年目 12回
〈4〉		2年ごとに3%アップ
〈5〉		2年ごとに3%アップ
〈6〉		2年ごとに3%アップ
〈7〉		
〈8〉	●EBITDAは営業利益に減価償却費を加え、必ず25,000千円以上を確保する	
〈9〉		
〈10〉	●前年度にはコロナ助成金等が含まれており、今期からはそれがなくなる	
〈11〉		

193

(7) KPI 監査モニタリング

　積極戦略につながる KPI を作成する前に、今度は幹部社員を交えて「戦略マップ」を作成する。

　これは、社長の戦略の内容をビジュアル化し、幹部社員と共有するためである。これによって、以前は社長が会議で言葉だけで伝えていた情報が視覚的に表現され、より一層幹部に理解されやすくなったようだ。

　KPI をつくるのは結構難しいものであるが、今まで M 社の業界で使っていた機械の稼働時間や加工指示書の枚数という「業界独自の KPI」だけではなく、SWOT 分析や戦略マップを活用した「M 社独自の KPI」を作成してこそ、伴走支援の要になると筆者は考えている。

　従来は売上高のみを経営の指標にする傾向が強かった。しかし、売上と利益を支える行動はどんなものなのか？　その行動の KPI をモニタリングすることによって改善すべき行動を明らかにしていく。それを全社員で共有する。KPI モニタリングシートは、戦略遂行の進行度合の管理ツールとしてすばらしいと筆者は考えている。(196 ～ 197 ページ参照)

戦略マップ

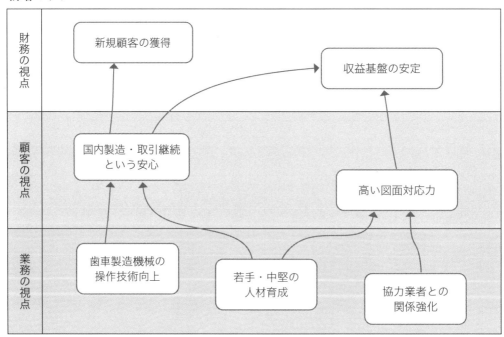

　何よりも重要なのは、全社員が「M社独自のKPI」を共に考えることである。さらに、KPI監査モニタリングを通じて、KPIの成果が信号機のように赤、黄、青と変化することに幹部社員が興味を持ったようである。これによって組織全体で戦略達成を意識し、モニタリングする文化が育ってきた。

(8) KSF～KPI～アクションプランの流れとKPI監査後の変化

　KPI監査モニタリングを継続する過程で、幹部社員たちの態度や行動に変化が現れた。一部の幹部社員は、その月のKPIの色が青色になった（目標が達成された）ことを自慢するようになり、逆に自分の課が赤色になった際には、自分の努力不足を素直に認めるようになってきた。

　以前は品質不良や納期遅れなどの問題が起きた場合に、他の課に責任転嫁したり、図面のせいにする傾向があった幹部社員たちも、自分が変わらなければ会社が進化しないと考えるようになり、改善に取り組む姿勢が育まれてきた。

　本章の冒頭に述べたように、技術営業の育成は大きな課題である。これまで製造部門では技術営業の育成は受注管理部の課題であり、製造部門の課題ではないと考えていた。しかし、KPI監査を進めていくうちに、製造部門の幹部から同行営業の提案が出たり、営業会議に参加したいという要望が出てきたことも監査後の大きな変化である。

　組織目標のベクトルを一致させるためには、下記の要点が重要である。

---

①自己部門が上げる成果を明らかにする。
②他部門の目標達成の助けとなるべき貢献を明らかにする。
③他部門に期待できる貢献を明らかにしている。

　この3つの事項が少しずつではあるが現実に表れてきたことが、大きな成果となっている。

　この変化の背景には、シンプルBSCの成果がある。戦略マップとKPIの設定、そしてKPIによるモニタリングが行われることで、組織内での意識の変化が促進されたと言える。

　また、来期は技術承継を促進するためのスキルマップを強化する取り組みを進め、成果を継続的に生み出すことを目指している。（198～201ページ参照）

KPI 監査モニタリングシート

実施項目 (何をどうする)	視点	KPI 内容	担当者	4-5 月			6-7 月		
				計画	実績	対策	計画	実績	対策
● A 種類部品を国内で製造できることを武器に、顧客を新規開拓する	顧客視点	● A 種類部品の発注可能性のある顧客への訪問回数		5	0	3 年分の加工指示書の整理や既存顧客の HP を分析し、A 種類部品の受注の可能性のある会社リストを作成する	5	5	営業が A 種類部品の加工ができる職人 T と同行し、説明を行う
		● A 種類部品の新規の受注額 (千円)		750	0	機械の試運転等、受注した場合を想定し、技術力を確認する	750	550	機械の試運転等、受注した場合を想定し、技術力を確認する
	業務プロセス視点	● 製造勉強会実施回数		1	1	実施日を 1 か月前に決める	1	1	勉強会の内容や講師を幹部会で決定する
		● 製造動画作成件数		1	0		1	0	動画の作成担当を決めて撮影する
● 若い職人を育成し、確実な継続取引を USP にして、既存顧客と新規開拓の売上アップ	顧客視点	● 既存顧客や新規顧客向けの工場見学会の実施数		10	3	展示会への出展の企画会議を実施し、若手を中心に当社の USP を話し合う	10	17	展示会で伝える USP の資料を作成する
		● 新規顧客の獲得件数		5	2	新規取引先を工場見学会へ招待する	5	10	工場見学会に参加した企業に礼状を出す
	業務プロセス視点	● 品質不良件数の削減のための改善提案採択数		4	5	古い図面で複雑な加工を要するものについては L1 図を作成する	4	2	機械の精度誤差による不良を防ぐため、メンテナンス計画表を作成する
		● スキルアップ委員会を立ち上げ、会議の活性度合いを 5 段階で評価する		4	1	過去にスキルマップを作って失敗した経験があり、全員が消極的だったことから、スキル判定の基準を考えていく	4	1	消極的な姿勢は変わらないので、スキルの把握と向上がいかに必要か、コンサルタントを招いて研修を行う
● 昭和初期の 3 種類の図面に対応できる技術で、旧財閥系の機械メーカーからの売上を増やす (既存顧客)	顧客視点	● 納期遵守率 (%)		75	81.3	L1 図をしっかり描き、ムダのない加工工程を作り出す	75	77.2	古い先方図面に対し、寸法不明箇所を受注管理課ですぐに見つけ出し、問い合わせる
		● 旧財閥系機械メーカー売上高 (千円)		5,600	5,539	納期・協力会・勉強会三位一体の活動を社内で共有する	5,300	7,046	納期・協力会・勉強会 三位一体の活動を社内で共有する
	業務プロセス視点	● 協力業者会の参加回数		2	1	役員・部長クラスとのゴルフを積極的勧誘	3	3	役員・部長クラスとのゴルフを積極的勧誘
		● 図面勉強会開催数		1	1	3S 活動日に 1 時間勉強会実施	1	1	3S 活動日に 1 時間勉強会実施

| 2023年度 | | | | | | | | | | | |
| 8-9月 | | | 10-11月 | | | 12-1月 | | | 2-3月 | | |
計画	実績	対策	計画	実績	対策	計画	実績	対策	計画	実績	対策
5	5	営業がA種類部品の加工ができる職人Tと同行し、説明を行う	5	4	年始の挨拶に役員同行	5	5	定期的な訪問スケジュールの作成及び営業情報の共有化	5	5	定期的な訪問スケジュールの作成及び営業情報の共有化
750	1,040	機械の試運転等、受注した場合を想定し、技術力を確認する	750	1,664	受注量が増えた場合に対応するため、他の職人に技術を伝える	750	1,252	受注量が増えた場合に対応するため、他の職人に技術を伝える	750	631	加工実績等の動画を作成し、新規顧客にアピールする
1	1	勉強会参加者を増やし、講師のモチベーションを上げる	1	0	参加者が勉強会ノートを作成し、上長が管理する	1	1	参加者が勉強会ノートを作成し、上長が管理する	1	1	参加者が勉強会ノートを作成し、上長が管理する
1	0	動画の撮影担当にどのように撮影するかを指導する	1	2	動画のストーリーを事前に作成し、それに沿って撮影する	1	0	動画のストーリーを事前に作成し、それに沿って撮影する	1	0	動画のストーリーを事前に作成し、それに沿って撮影する
10	10	展示会への出展と顧客のフォロー計画の作成	10	12	オープンファクトリー出展準備	10	16	オープンファクトリー参加者フォロー	10	21	オープンファクトリー参加者フォロー
5	6	展示会の来場客を工場見学会に招待する	5	7	工場見学会の来場客に対する接客マナー研修を行う	5	10	オープンファクトリー参加企業の訪問実施計画を作成する	5	13	オープンファクトリー参加企業への徹底的な訪問
4	1	工具の摩耗具合について、熟練工に音や切粉で判断できるように勉強会をする	4	7	各グループごとにミスファイルを作成し、3S活動日に黙読する	4	3	ミスファイルに再発防止対策書とワークの図面を添付し、共有できるようにする	4	5	加工技術伝承プロジェクトを立ち上げ、各職人の現在のスキルを把握する
4	3	製造第2課を中心に5段階のスキルのうち、部分的ではあるが会議で基準が出始めたので、判定基準表の作成に着手した	4	4	製造第2課で作成した判定基準表の原案を他の課に配付し、これを見本に判定基準の議論を活性化する	4	4	製造第2課の判定基準に重みが増して実用化できると会議が盛り上がり、これを他の課に伝播していくようにする	4	4	内容はともかく、製造第2課以外の課も若手中心で自主的に判定基準のベースが作られるようになった。これを進めていく
75	85.6	納期クレームの報告ひな形を統一し、全社で共有できるようにする	75	85.9	見積が担当に偏る場合、ヘルプ体制を充実させる	75	81.2	再製作の見える化の仕組みを考える	75	83.8	再製作中のワークのガントチャートを作成する
9400	7,662	納期・協力会・勉強会 三位一体の活動を社内で共有する	7,600	11,718	納期・協力会・勉強会 三位一体の活動を社内で共有する	10,600	9,415	納期・協力会・勉強会 三位一体の活動を社内で共有する	11,000	8,343	納期・協力会・勉強会 三位一体の活動を社内で共有する
2	0	役員・部長クラスとのゴルフを積極的勧誘	3	3	役員・部長クラスとのゴルフを積極的勧誘	2	5	役員・部長クラスとのゴルフを積極的勧誘	2	3	役員・部長クラスとのゴルフを積極的勧誘
1	1	3S活動日に1時間勉強会実施	1	1	3S活動日に1時間勉強会実施	1	1	3S活動日に1時間勉強会実施	1	1	3S活動日に1時間勉強会実施

KSF ➡ KPI ➡ アクションプラン

実施項目 （何をどうする）	視点	KPI内容	計画と結果対策	4-5月	6-7月
●A種類部品を国内で製造できることを武器に顧客を新規開拓する	顧客視点	●A種類部品の発注可能性のある顧客への訪問回数	計画	3年分の加工指示書の整理や既存顧客のHPを分析し、A種類部品の受注の可能性のある会社リストを作成する	営業がA種類部品の加工ができる職人Tと同行して説明を行う
			結果対策	分析に時間がかかり的はずれな訪問となるケースもあったので、職人Tのかつての取引先をリストアップ	職人Tを覚えていた顧客からよいレスポンスあり、訪問継続
		●A種類部品の新規の受注額（千円）	計画		機械の試運転等、受注した場合を想定し、技術力を確認する
			結果対策		職人Tがしばらく使っていなかった機械なので、試運転をしっかり行う
	業務プロセス視点	●製造勉強会実施回数	計画	実施日を1か月前に決める	勉強会の内容や講師を幹部会で決定する
			結果対策		
		●製造動画作成件数	計画		動画の作成担当を決めて撮影する
			結果対策		
●若い職人を育成し、確実な継続取引をUSPにして既存顧客と新規開拓の売上アップ	顧客視点	●既存顧客や新規顧客向けの工場見学会の実施数	計画	展示会への出展の企画会議を実施し、若手を中心に当社のUSPを話し合う	展示会で伝えるUSPの資料を作成する
			結果対策		
		●新規顧客の獲得件数	計画	新規取引先を工場見学会へ招待する	工場見学会に参加した企業に礼状を出す
			結果対策		
	業務プロセス視点	●品質不良件数の削減のための改善提案採択数	計画	古い図面で複雑な加工を要するものについては、L1図を作成する	機械の精度誤差による不良を防ぐため、メンテナンス計画表を作成する
			結果対策		
		●スキルアップ委員会を立ち上げ会議の活性度合いを5段階で評価する	計画	過去にスキルマップを作って失敗した経験があり、全員が消極的だったことからスキル判定の基準を考えていく	消極的な姿勢が変わらないことから、スキルの把握と向上がいかに必要か、コンサルタントを招いて研修を行う
			結果対策		ベテランの職人ほどスキルの基準を作成するのに消極的なことから、中堅社員に入社から今までどのようなスキルを何年で身につけたか徹底的にヒヤリングする

2023 年			
8-9月	10-11月	12-1月	2-3月
営業がＡ種類部品の加工ができる職人Ｔと同行して説明を行う	年始の挨拶に役員同行	定期的な訪問スケジュールの作成および営業情報の共有化	定期的な訪問スケジュールの作成および営業情報の共有化
職人Ｔを覚えていた顧客からよいレスポンスあり、訪問継続	役員が同行することにより、顧客との距離が近くなったので、個別ニーズをつかみ共有する		
機械の試運転等、受注した場合を想定し、技術力を確認する	受注量が増えた場合に対応するため、他の職人に技術を伝える	受注量が増えた場合に対応するため、他の職人に技術を伝える	加工実績等の動画を作成し、新規顧客にアピールする
職人Ｔがしばらく使っていなかった機械なので、試運転をしっかり行う	Ａ部品の異なるサイズの加工を受注できる可能性が出てきたので、新たに試運転を行う	Ａ部品の異なるサイズの加工を受注できる可能性が出てきたので、新たに試運転を行う	
勉強会参加者を増やし、講師のモチベーションを上げる	参加者が勉強会ノートを作成し、上長が管理する	参加者が勉強会ノートを作成し、上長が管理する	参加者が勉強会ノートを作成し、上長が管理する
勉強会を自主参加にしているが、自主参加でよいかどうか幹部会で議論する		上長の管理手数が増えることに対する対策を検討中	
動画の撮影担当に、どのように撮影するかを指導する	動画のストーリーを事前に作成し、それに沿って撮影する	動画のストーリーを事前に作成し、それに沿って撮影する	動画のストーリーを事前に作成し、それに沿って撮影する
当初担当者に映像編集を任せていたので課によって一貫性がなく、動画シナリオを作ろうという意見が出た		動画ストーリーの標準化を検討し、一つひとつの動画のストーリーを考える	
展示会への出展と顧客フォロー計画の作成	オープンファクトリー出展準備	オープンファクトリー参加者フォロー	オープンファクトリー参加者フォロー
展示会の来場客を工場見学会に招待する	工場見学会の来場客に対する接客マナー研修を行う	オープンファクトリー参加者フォロー	オープンファクトリー参加者フォロー
来客者に対する接客の質が担当によって異なることから、若手の３Ｓ委員長が担当者となる			
工具の摩耗具合について、熟練工に音や切粉で判断できるように勉強会をする	各グループごとにミスファイルを作成し、３Ｓ活動日に黙読する	ミスファイルに再発防止対策書とワークの図面を添付し、共有できるようにする	加工技術伝承プロジェクトを立ち上げ、各職人の現在のスキルを把握する
	黙読では直らないミスに対して、仕組化できないか検討		
製造第２課を中心に、５段階のスキルのうち部分的ではあるが会議で基準が出始めたので、判定基準表の作成に着手した	製造第２課で作成した判定基準表の原案を他の課に配付し、これを見本に判定基準の議論を活性化する	製造第２課の判定基準に重みが増して実用化できると会議が盛り上がり、これを他の課に伝播していくようにする	内容はともかく、製造第２課以外の課も若手中心で自主的に判定基準のベースが作られるようになった。これを進めていく
		製造第１課の中でも特に中堅社員を中心に細かくヒヤリングを行う	製造第１課のベテランに、中堅社員が作ったひな型をもとに、付け足す部分を考えてもらう

KSF ➡ KPI ➡ アクションプラン　続き

実施項目 （何をどうする）	視点	KPI内容	計画と結果対策	4-5月	6-7月
●昭和初期の３種類の図面に対応できる技術で旧財閥系の機械メーカーからの売上を増やす（既存顧客）	顧客視点	●納期遵守率（％）	計画	L1図をしっかり描き、ムダのない加工工程を作り出す	古い先方図面に対し、寸法不明箇所を受注管理課ですぐに見つけ出し問い合わせる
			結果対策		
		●旧財閥系機械メーカー売上高（千円）	計画	納期・協力会・勉強会 三位一体の活動を社内で共有する	納期・協力会・勉強会 三位一体の活動を社内で共有する
			結果対策		
	業務プロセス視点	●協力業者会の参加回数	計画	役員・部長クラスとのゴルフを積極的勧誘	役員・部長クラスとのゴルフを積極的勧誘
			結果対策		
		●図面勉強会開催数	計画	3S活動日に1時間勉強会実施	3S活動日に1時間勉強会実施
			結果対策	事前に勉強会の周知ができなかったので集まりが悪く、勉強会の開催時間を周知徹底する	参加者が少し増えたが、自由参加でよいか幹部会で検討する
	顧客視点				
	業務プロセス視点				

2023 年			
8-9 月	10-11 月	12-1 月	2-3 月
納期クレームの報告ひな形を統一し、全社で共有できるようにする	見積が担当に偏る場合、ヘルプ体制を充実させる	再製作の見える化の仕組みを考える	再製作中のワークのガントチャートを作成する
	ヘルプ体制がうまくいかないので、見積プロセスの検討を行う	再製作の見える化はできたが、ヘルプ体制と共にもう一度プロセスの見直しを行う	
納期・協力会・勉強会 三位一体の活動を社内で共有する	納期・協力会・勉強会 三位一体の活動を社内で共有する	納期・協力会・勉強会 三位一体の活動を社内で共有する	納期・協力会・勉強会 三位一体の活動を社内で共有する
役員・部長クラスとのゴルフを積極的勧誘	役員・部長クラスとのゴルフを積極的勧誘	役員・部長クラスとのゴルフを積極的勧誘	役員・部長クラスとのゴルフを積極的勧誘
3S 活動日に 1 時間勉強会実施	3S 活動日に 1 時間勉強会実施	3S 活動日に 1 時間勉強会実施	3S 活動日に 1 時間勉強会実施
	営業部の図面の咀嚼能力に問題があり、外部で図面の講義を受講できるものがないか検討	外部の機械製図セミナーの受講を全社員に対して義務づける	

memo

Chapter 8

SWOT分析&シンプルBSC を活用した 経営計画とKPI監査

《事例3 飲食業》

執筆：小形実昇龍

事例3 飲食業

《事例企業の概況》

　P社は 1970 年代に東北地方で現社長の父が創業した。小さな飲食店からスタートし、地元では味がよいと評判になっていた。その後、近隣のショッピングモールへの2店舗目の出店を皮切りに、ロードサイドへの出店に失敗して閉店した他店に居抜きで入居する手法で次々と出店していった。現在は、2つの業態の飲食店を6店舗経営している。

　コロナ前には毎年4億8,000万円ほどの売上があり、自己資本比率も約65％以上と安定した経営をしていた。しかし、コロナ禍の影響を大きく受け、直近の2年間は3億5,000万円ほどに減少している。

　P社の従業員は、社員がコロナ前と変わらず約20名で、パートとアルバイトはコロナ前の約60名より減り、現在40名ほどが在籍しており、非正規社員の割合が減った。これは、セントラルキッチン増設により店内の仕込み負担が減ったことと、売上が下がったにもかかわらず、社長の方針で社員の生活を守るために賞与もコロナ前と同水準で支給し続け、給与水準を維持してきたことから、コロナ禍での社員の離職がなかったことによる。

　主要な商品は麺類Aと麺類Bである。麺類Aは、長年一番人気のメニューだったが、麺類Bがそれを脅かす勢いで売れ、ついに5年ほど前から一番人気になった。麺類Bの人気は安定しており、今まで数々の新メニューを開発・投入しても揺るがない看板メニューとなっている。

　来店するお客の年代は老若男女問わず幅が広い。客層ごとに人気メニューが異なり、若い男性にはボリュームあるセットメニューが、若い女性に辛いメニュー、年配の方にはあんかけメニューが人気となっている。

　飲食業界の特性としては、廃業率と開業率がともに高い業種であり、開業までのハードルが低い分競争が激しく、生き残るためには「おなかが空いたから近くのこの店に入ろう」というニーズではなく、「おなかが空いたから、

あの店のこのメニューを食べたい」というウォンツを満たすような魅力が必要になる。

　一方、品質とサービスと清潔さのレベルが高い店がお客様に選ばれているという現実があり、近年はSNSの普及により、写真映えがするインパクトや、盛り付けのキレイさが重要になっている。料理を投稿したときの反応も即効性があり、共感した人がシェアすれば広がりも期待できるのでうまく活用したい。

《KPI監査に取り組む理由》

　P社と契約することになったきっかけは、コロナ前の2017年頃に開催した経営診断セミナーに遡る。そこに参加した社長から、社内での会議のやり方について相談を受けた。現在どのような会議をしているかをヒアリングすると、月に1度、朝の9時から夜の20時まで、全店長・副店長が集まり、1日いっぱい時間をかけて、大量の紙を使った会議をしているとのことであった。

　当時、同じ飲食業でKPIの振り返りの会議を5年ほど継続し、成果が出ていた事例もあり、成功ノウハウが積み上がっていたので、次のように提案した。

● 共通のツールを全社で使うことにより全社一丸となる。
● 各KPIに担当者をつけると社員の意識が変わり、主体性を持つようになる。
● 会議の時間が短縮され、紙の資料を大幅に減らせる。

　これらに納得してもらい、毎月KPIの振り返り会議を実施することになった。

　P社は勢いがあり、ここ数年で急激に店舗を増やしたが、人材の育成については追いつかない面があり、20代の元気で若い店長が多かった。元気な接客の面では、他店では類を見ないほどである。反面、店舗運営管理の面では課題が多かった。

　そこで、戦略マップの説明をし、人材から成長させて、業務を改善し、お客様に選ばれて、売上・利益といった結果につなげ、経営理念やビジョンを実現するという目的についても共感していただき、それがKPIの振り返り会議を行う大きな理由にもなった。

著者自身は、㈱若山経営在籍時に、数十社の中小企業でバランス・スコアカード（BSC）を使ったKPIの振り返り会議を行ってきた。失敗事例・成功事例が数多く蓄積されており、その経験から、事例のような組織としては成長段階にある企業では、社員と信頼関係さえ築ければうまく回ると確信した。

　会議を楽しい時間にしようと、社員とのコミュニケーションを重視し、毎月アイスブレイクとして、さまざまなゲームや心理テストなどで盛り上げてからKPIの振り返りに入ることで意見を出しやすくし、会議が一方的な報告会にならないように、双方向（インタラクティブ）を意識し、各店長間で質問や提案をし合う会議にしたことで、協力し合う組織になり、信頼関係を築くこともできた。

　P社では経営管理面の課題が多かったので、それぞれの課題をBSCの4つの視点に整理したものを叩き台とし、それをもとに社長と打ち合わせをしてきた。今取り組む目標と将来取り組む目標に分け、さらに今期取り組む課題を絞り込み、戦略目標にして戦略マップを作成した。

　その戦略マップに設定した、各戦略目標と、KPIは下記のとおりである。

視点	戦略目標	KPI
財務の視点	売上目標を達成する	売上目標達成率
財務の視点	原価を適正に抑える	FLコスト目標達成率
顧客の視点	QSCレベルの維持	QSC目標平均点
業務の視点	魅力ある店舗をつくる	新メニュー開発累計数
業務の視点	魅力ある店舗をつくる	SNS投稿件数
業務の視点	店内オペレーションの改善	店内目標達成数
人材の視点	人材募集・人財育成の強化	人時売上高
人材の視点	コミュニケーションの強化	店内ありがとう件数

　はじめから全部の戦略目標に取り組むと、消化不良を起こして目標達成することが目的にならずに、BSCに入力することが目的になってしまう。過去にそうした失敗事例もあった。

　そこで、ベビーステップをこころがけ、はじめは売上目標の達成のみを振り返り、毎月1つずつ振り返るKPIを増やしていった。

　よく、なぜ中小企業にBSCが浸透しないのか？　と議論になることがあ

るが、実際に中小企業で数十件のBSCのサポートをしてきた経験からすると、難しいから浸透しなかったとは思わない。支援者に一定の経営知識とコーチングスキルは必要であるが、教えるのではなく、クライアントに寄り添い、クライアントのレベルに合わせて、よい方向に導くために一緒にやるスタンスで信頼関係を築いて継続すれば、KPIの振り返りは進化し、必ず成果が出ると確信している。

（1）現状把握

令和3年4月期は、売上が4億円だったが、ここ2期はコロナ禍の影響により、3億5,000万円に減少した。限界利益率も令和3年4月期の67.7％から令和5年4月期は65.0％になり、2.7％も減少した。粗利の額も4,300万円ほど減少したことが、ここ2年間、営業利益が2,000万円以上の赤字になった原因である。

人件費関連については、コロナ禍でも社員の給料・賞与は維持するという社長の方針により、労働分配率でみると、令和3年4月期は63.8％、令和4年4月期は67.6％、令和5年4月期は66.0％とやや悪化傾向にあった。

必要運転資金については、お客の支払い方法が多様化し、カード払いが増えてきたので、令和3年4月期は、必要運転資金が100万円ほどだったのに対し、令和5年4月期は629万円と大幅に増えた。

キャッシュフローについては、この売上高では本業でキャッシュを生み出せない状況なので、コロナ前の売上に回復させたい。

よって、現状分析をふまえ、重要な経営課題を3つ抽出した。

経営課題❶ ＝売上目標の達成	売上目標を各店舗で意識し、コロナ前の売上高に近づけることで、粗利額の増加につながり、利益も確保できる。
経営課題❷ ＝FLコストの管理	材料費高騰分を価格転嫁し、人件費を適正に管理することで、利益改善につながる。
経営課題❸ ＝人時売上の向上	チャーシューなどの仕込み作業を可能な限りセントラルキッチンで行っているので、店内での仕込み作業が軽減されており、全店5,000円以上にすることで、生産性を改善できる。

変動損益計算書（5期分）のとおり、営業利益については、2年連続で2,000万円超の赤字となったが、数字の面で見ると、減価償却費を1,700万円ずつ計上しており、役員報酬も十分確保しているので、まだ軽傷のレベルだと感じている。ただ現状キャッシュフローが減少しているのは改善しなければならない。

　よって、経営分析から課題を抽出してKPIを設定することと共に、不況でも動じない組織体制を築くために、全体会議の改善も重要なポイントとなる。

　ここ数か月は、毎月の全体会議で社長が講師となり、経営理念や事業ドメインの再確認の講義が今後のために有効なので継続し、会議の時間や内容についても、より成果が上がるように改善を行っている。

直前期の損益状況　　　　　　　　　　　　　　　　　（単位：千円）

売上高 351,082	限界利益（粗利） 228,307	変動費 122,775	
		固定費（営業外損益含む） 246,962	人件費 150,722
			減価償却費 17,140
			その他 79,100
		経常利益（税引前） −18,655	法人税等 0
			税引後利益 −20,993

生み出した資金 −3,853

直前期の資金状況

当期営業から生み出した資金	−3,853	
運転資本増減にともなう資金	−1,511	
その他	20,245	←CF計算書より
設備投資（売却分はプラス）	−11,488	←CF計算書より
その他	−13,285	←CF計算書より
返済原資（フリーCF）	−9,892	
＋）借入金増加	57,800	←CF計算書より
−）借入金返済	45,058	←CF計算書より
その他	−942	←CF計算書より
当期資金増減	1,908	
前期末資金残高	48,204	
当期末資金残	50,112	

変動損益計算書（5 期分）

（単位：千円）

科目		5 期前 令和1年4月	4 期前 令和2年4月	3 期前 令和3年4月	2 期前 令和4年4月	直前期 令和5年4月
売上	売上高			401,545	352,379	351,082
	売上高合計			401,545	352,379	351,082
変動費	原材料費（売上原価）			129,691	115,318	122,775
	外注費					
	電力・水道光熱費					
	仕掛品調整					
	製品調整					
	消耗工具費					
	運賃					
	その他変動販売費					
	変動費合計			129,691	115,318	122,775
	限界利益（粗利）			271,854	237,061	228,307
	平均限界利益率（粗利率）			67.7%	67.3%	65.0%
固定費	役員報酬					
	役員賞与					
	パート・アルバイト給料					
	パート・賞与					
	法定福利費					
	社員給料・賞与					
	人件費合計			173,398	160,163	150,722
	旅費交通費			75	13	477
	通信費			929	940	971
	接待交際費			244	182	562
	寄付金			20	140	35
	会議費			22	124	130
	研究開発費				50	115
	減価償却費			15,808	17,077	17,140
	地代家賃			18,329	18,463	18,582
	リース料			800	348	382
	保険料			6,841	6,921	7,358
	修繕費			1,918	1,402	1,348
	水道光熱費			20,976	22,847	25,210
	消耗品費			10,854	10,121	9,171
	租税公課			511	504	1,177
	荷造り運賃					159
	広告宣伝費			1,102	1,261	1,535
	支払手数料			2,400	3,657	4,047
	諸会費			275	389	354
	販売促進費			6,638	5,231	3,948
	車両費			2,300	1,886	1,580
	新聞図書費			37	37	16
	貸倒引当金繰入額			37	148	77
	管理諸費			2,804	3,258	2,446
	雑費			4,284	4,530	4,804
	固定費合計			270,602	259,692	252,346
	営業利益			1,252	−22,631	−24,039
営業外	営業外費用			4,234	3,193	1,884
	営業外収益			21,573	17,749	7,268
	経常利益			18,591	−8,075	−18,655
	自己資本比率			65.53%	59.70%	43.11%

運転資本の増減（5期分）　　　　　　　　　　　　　　　　　　　　　　（単位：千円）

科目		5期前	4期前	3期前	2期前	直前期
		令和1年4月	令和2年4月	令和3年4月	令和4年4月	令和5年4月
現金預金				116,527	63,953	66,161
売上債権	受取手形					
	売掛金			5,695	8,573	11,677
	売上債権合計			5,695	8,573	11,677
棚卸資産	商品			4,041	4,052	4,512
	棚卸資産合計			4,041	4,052	4,512
買入債務	支払手形					
	買掛金			9,632	7,845	9,898
	買入債務合計			9,632	7,845	9,898
運転資本の増減（必要運転資金）				104	4,780	6,291

(2) 必要利益の背景と差額

　Ｐ社はコロナの影響を大きく受けたことが売上・利益減少の理由の1つだが、その最中に従業員の負担を軽減するために働き方改革も同時に行った。ロードサイド店は定休日を設け、通し営業だったのを15時〜17時のアイドルタイムを休みとし、店舗によっては夜営業を休むお店もある。これにより、営業時間が大幅に減少したことで繁盛店でありながら売上・利益が減少した大きな理由の1つである。

　ただ、2期連続赤字となっているものの、自己資本比率はまだ40％以上を保っているので、安全性は高い。しかし、今後安定した経営を続けるためには、早期の黒字化が必要である。

　今期は、コロナの第5類への移行による来店客数増加と、仕入価格高騰による価格転嫁により、売上増加率を12％とし、変動費は10％増に設定する。その結果、

粗利を65％から65.7％にし、0.7％改善する。この売上12％アップと売上総利益率0.7％改善は、最低限の必成目標として毎月振り返りをすることで、十分上振れを狙えるので、望成目標も設定する。

　固定費については、水道光熱費やガソリン代の高騰、および昇給を見込み、計画では全体で2％の増とした。

　必要利益については、コロナ融資の返済を見込み、十分な返済原資が必要になることから、税引前利益を96万円とすることで、減価償却と運転資本増減等を合わせると2,355万円の返済原資を確保できるので、返済原資の約70％相当額となる長期借入金の年間返済額1,644万円は無理なく返済できる。

　この計画により、今期の売上との差額4,213万円の売上額を6店舗に割り当てると、1店舗当たり約700万円、月にして約60万円の売上増が必要になる。

　各店舗の売上構成比と集客の伸びしろ状況や、店舗内の余力の状況を見ながら増減させ、売上目標を決定する。

　この目標売上をどのように達成するかは、まさしく各店舗でどれだけ主体性をもってKPIの振り返りができるかにかかっている。店長が中心となり、店舗内のスタッフ全員を巻き込んで協力し合うことで、目標達成が可能になる。

　特にカギになるのは、前出の非財務の戦略目標のKPIであるQSC（クオリティ・サービス・クリンリネス）の目標平均点は、飲食店としてお客様に選ばれ続けるために、高いレベルで保つよう設定する。

　また、新メニュー開発累計数は、既存のお客様に飽きさせず、新規性と話題性で新規のお客様も取り込むために重要である。SNS投稿件数は、当日の投稿でも成果につながりやすい特性がある飲食店なので全店で情報発信し、ショート動画も週2回ほど投稿すると効果を見込める。

　これらのKPIが各店で機能することで、お客様に選ばれ、増客となり、財務の戦略目標を達成する結果につながる。

必要売上・利益 および 差額金額の把握

直前期のデータをもとに、可能性のある3つのパターンでシミュレーションを行う（返済原資は決まっているが、売上、変動費、固定費が変化することで、どこに注力すべきか経営者に意識してもらう）。
最終的には、「現状の売上・粗利」と「必要売上・粗利」との差額を確定し、経営計画用の売上・粗利を決める。

（単位：千円）

		リスク・シナリオ（破局）	返済・成長投資可能目標
	売上高増減	0%	12%
	変動費増減	0%	10%
	固定費増減	0%	2%
現状（直前期）		⬇	⬇
売上高	351,082	351,082	393,212
変動費	122,775	122,775	135,053
固定費	252,346	252,346	257,393
営業外損益	5,384	5,384	200
税引前利益（a）	−18,655	−18,655	966
減価償却費　（b）	17,140	17,140	17,140
運転資本増減　（c）	−1,511	−1,511	−1,511
その他	20,245	20,245	20,245
設備投資			
その他	−13,285	−13,285	−13,285
返済原資	3,934	3,934	23,555

（a）＋（b）＋（c）

返済・成長投資可能目標

	現状	必要額	差額
売上高	351,082	393,212	42,130
変動費	122,775	135,053	12,278
固定費	252,346	257,393	5,047
税引前利益	−18,655	966	19,621

必要額 − 現状

（単位：千円）

売上高改善案	変動費改善案	固定費改善案
12%	0%	0%
0%	10%	0%
0%	0%	2%
⬇	⬇	⬇
393,212	351,082	351,082
122,775	135,053	122,775
252,346	252,346	257,393
200	200	200
18,291	−36,117	−28,886
17,140	17,140	17,140
−1,511	−1,511	−1,511
20,245	20,245	20,245
−13,285	−13,285	−13,285
40,880	−13,528	−6,297

経営計画用
差額売上高
42,130

経営計画用
差額粗利
29,852

(3) クロス SWOT 分析「強み分析」

　P 社では、KPI の振り返りを 6 年ほど継続してきたが、シングルループ学習をグルグルずっと続けていると、環境の変化に対応できなくなるので、定期的に 3 年に 1 度はダブルループ学習として SWOT 分析を実施し、ドメインの再定義を行っている。

　その SWOT 分析について、筆者の 20 年ほどの経験から、従業員や幹部に「強みは？」「機会は？」と聞いても、なかなか要素が出ず、出ても個人の主観や偏りがあり、ヌケやモレが出る。

　そこで、内部環境であれば、強みと弱みは、「4 つの経営資源」「バリューチェーンの各活動」「VRIO 分析」「マーケティングの 4P」などの要素が入っているか、外部環境であれば、ミクロ環境では 5 フォース、3C 分析、マクロ環境では PEST 分析などからの要素が入っているか確認し、クライアント目線で書いていただくようお願いする。こうすることで、ヌケやモレがなく、強みの要素を出せる。

　ただし、自社の真のコアコンピタンスやケイパビリティに気づかないケースもあるので、筆者の持論だが、強み・弱みの要素を出すときは、お店に来ていただいているお客様を数名集めてグループインタビューすると、さらに生きた情報が収集できる。

---

❶ヒトに関する強み
　①開発力のある、本格的な料理経験が豊富な人材が数人いる。
　②経営理念や行動指針が浸透し、元気な接客の店と認知されている。
　③トップダウンとボトムアップのバランスがよく、組織の風通しがよい。
　④情報共有、コミュニケーションがよく、タテ・ヨコで連携がとれている。
　⑤若手で管理能力がある人材が複数育っている。
❷モノに関する強み
　⑥品質、サービス、清潔さのレベルの強化を徹底している。
　⑦ロードサイド店の駐車スペースが十分にある。
　⑧地元農家から野菜を安く仕入れられるルートがある。
　⑨商品力に関して、お客様の年代に応じた人気メニューがある。
　⑩自社商品を冷凍販売・冷蔵販売できる自動販売機が 3 拠点できた。

⑪セントラルキッチンが2か所あり、効率化を期待できる。

⑫スチームコンベクションがあるので、さまざまな種類の調理ができる。

⑬瞬間冷凍ができるリキッドフリーザーと真空パックの機械がある。

（216 〜 217 ページ参照）

(4) クロス SWOT 分析「機会分析」

❶マクロ環境

A　コロナの第5類移行により来店客数に好影響が出る見込み。

B　調理技術の発展により同時に多品種の調理が可能となった。

C　物価高騰により、価格転嫁が必要な風潮になり値上げしやすい。

D　地上波の全国放送や有名 YouTuber に取り上げられると通販が増える。

❷ミクロ環境

E　SNS の発展により、お客様発信での情報のシェアが可能となっている。

F　「ど冷えもん」の普及により、お客様が自販機で購入する選択肢が増えた。

G　競争環境は激しいが、選ばれる店か否かで、二極化が進んでいる。

H　人の流れが活発になり、イベント出店の効果が高まっている。

（218 〜 219 ページ参照）

クロス SWOT 分析　「強み」をどう活かすか

会社名・部門名		差額売上	
実施日・SWOT 分析参加者		差額利益	

			強み（内部要因）と
	カテゴリー		ヒント
A	既存顧客、既存チャネルの強み		●顧客台帳・リスト数・DM 先数・アポが取れる客数 ●常連客、A 客の数、ロイヤルカスタマーになった理由 ●有力な顧客先となぜその顧客が生まれたかの要因
B	既存商品、既存仕入先、取引業者の強み		●この取扱商品を持っていることでのプラスの影響 ●この仕入先、外注先、取引先を持っていることでのプラスの影響 ●この販売エリア、マーケティングチャネルを持っていることのプラスの影響
C	技術、人材、知識、ノウハウ、経験の強み		●技術、ノウハウの具体的な「強み」で顧客から評価されている事項 ●顧客が評価する技術や知識、経験を持った人材の内容 ●顧客が評価する社内の仕組み、システム、サービス
D	設備、機能、資産の強み		●他社に優位性を発揮している生産設備、什器備品、不動産 ●顧客が認める組織機能（メンテ、営業サポート、物流など）
E	外部から見て「お金を出してでも手に入れたい」と思われること		●もし M&A されるとしたら、買う側はどこに魅力を感じるか ●買う側が魅力に感じる顧客資産とは
F	外部から見て「提携」「コラボ」「相乗り」したいと思われること		●協業を求める外部資本が魅力を感じる顧客資産・商材資産、組織機能資産

課題整理1	
課題整理2	

活かせる分野

ヒントの答え	横展開の可能性
●毎月自店と他店からの評価で振り返りを行い、品質・サービス・清潔さのレベルアップを徹底している	●新店を出店したときに振り返りのノウハウを生かせる
●地元の農家から品質のよい野菜を契約栽培で安く仕入れられる ●商品力に関して、お客様の年代に応じた人気メニューがある	●野菜以外の食材を直接安く仕入れられるルートを見つける ●地元の農家から契約栽培で仕入れる野菜を増やす
●開発力のある、本格的な料理経験が豊富な人材が数人いる ●経営理念や行動指針が浸透し、「元気な接客の店」とお客から認知されている ●管理能力がある若手人材が複数育っている	●全員参加で活発な会議を行っているが、トップダウンとボトムアップのバランスがよく、風通しがよいので経営理念や行動指針、技術やノウハウなどが、新人にも浸透しやすい ●グループLINEやクラウド型のBSCシステムを共通の道具にしているので、情報共有・コミュニケーションがとりやすい
●ロードサイド店の駐車スペースが十分にある ●セントラルキッチンを2か所有しており、効率化が期待できる ●スチコンがあるので多品種の調理を効率よくできる ●瞬間冷凍できるリキッドフリーザーと真空パック機がある	●今後の店舗展開により、セントラルキッチンの拠点を増やすことは可能 ●スチコンなどの余力でOEMの可能性もあり ●リキッドフリーザーと真空パック機の応用可能性
●自社商品を冷凍販売・冷蔵販売できる自販機が3拠点にある	●ニーズに合わせて自販機を増やすことも可能
●商品を製造する設備が充実しているので、協業の可能性 ●店舗に集客力があるので、店頭でのコラボ商品販売など	●余力のある設備や機械を共用し、使用料を得る

クロス SWOT 分析　「機会」を深掘りする

No.	深掘りする質問	聞き出すヒント
		機会（O）…これから求められる
1	B、C ランク客の具体的なニーズ	●めったに買いに来ないお客が求めるニーズ ●日ごろ購入する業者で買わず、少量・臨時の購入で自社に来た理由
2	予期せぬ成功・新たな可能性	●まさかそんな使い方をしているとは… ●そういうアイデアを顧客が持っているとは…想定していなかったニーズ
3	既存客・新規見込み客が使ううえでいら立っていること（困りごと）	●なぜそこまで時間がかかるのか、なぜそんなに高いのかの不満は何か ●どこも対応してくれないから仕方なく顧客が諦めていること
4	そこまで要求しないから、もっと低価格のニーズ（そぎ落としの低価格需要）	●必要な機能やスペックはここだけで、他はいらないと顧客が思っていること ●ムダな機能やスペック、過剰なサービスを減らしても顧客が喜ぶもの
5	おカネを払うから、もっとここまでしてほしいニーズ（高価格帯需要）	●顧客が困っていることに適応するなら高くても買う理由 ●こんな顧客ならこんな高スペックや高品質の商品を買うだろう
6	こんな商品あったら買いたい・こんな企画ならいけそうというニーズ	●このターゲット顧客が喜びそうな商品とは ●このターゲット顧客なら、こんなイベントや販促、企画、アフターサービスを求めるだろう
7	他社がやっている企画・商品で真似したいこと	●あの同業者のあの商品の類似品ならいけそうだ ●二番煎じでもいけそうな商品とターゲット顧客
8	知り合い（同業者・関係先・仕入先・コンサル・税理士等）から聞いた善意の提案	●顧客以外から聞いた新たな提案 ●新たな気づきの善意の提案は何があるか
9	その他、新しいビジネスモデルでの要望	●コロナ禍で生まれた新たなニーズ ●これからの顧客が求める商品サービスとは

ニッチ分野、顧客が費用を払うニーズ

どんな顧客が （どんな特性の顧客が）	具体的に何があるか	なぜそう思うのか、何が原因か （具体的に）
● 店舗がない地域で、食のイベント出店時に購入した客	● 面白くて美味しかったので、実店舗で食べたい	● 人の流れが活発になったのでイベントの効果がありそう
● 今まで来店したことがない客や辛いモノ好き	● 全国放送や有名YouTuberに取り上げられた	● 忖度やシガラミがないグルメ番組やYouTubeチャンネルなので、信憑性が高い
● 好き嫌いが多く、味にうるさい客 ● 店員さんの接客態度を重視する客 ● 清潔感に敏感な客	● QSCのレベルの低さで、お客様の選択肢から外れることがある	● 特に女性客や家族連れなど、気持ちよく美味しい食事をしたいニーズがあるから
● SNSをよく利用する客	● 新商品の情報やイベント情報を得れば、お店に行きたくなる	● SNSに投稿したメニューがその日売れる実績があるため
● SNSで情報をサーチし、感想などをシェアする客	● 各メニューの写真や、食べた感想や評価をしてくれる	● 実際にシェアされた情報をもとに来店する客が多い
● 自販機をめぐり買い回る客 ● お店で美味しかったメニューを買って帰る客	● 24時間、買いたいときに自販機で買いたいニーズが一定数ある	● ど冷えもんの設置が普及し、お客様の買い方の選択肢が増えたから

（5）クロス SWOT 分析　KSF「積極戦略」

　上記の強みを生かし、機会を取り込む積極戦略を構築するにあたり、重要なのがコトラーの STP 理論（セグメンテーション・ターゲティング・ポジショニング）になる。

　セグメンテーションは、アンゾフの成長マトリクスでいう市場浸透戦略で、縦軸に既存商品の種類、横軸にはお客様の属性を基準に分類（サラリーマン・男女2人客・ファミリー・高齢者など）した既存市場をとり、細分化する。

　ターゲティングは細分化した商品とセグメントされた市場の中から、どのセグメントされた市場に積極戦略でアプローチするかを決める。

　ポジショニングは、ターゲットを決める際に、知覚マップの作成が有効になる。例えば、縦軸に価格が高いか安いか、横軸に品質が良いか悪いかや、健康志向やボリューム、ブランドイメージ、お店の雰囲気、メニューの豊富さ、接客、清潔さなどさまざまな要素を軸にしてポジショニングできる。

戦略マップ

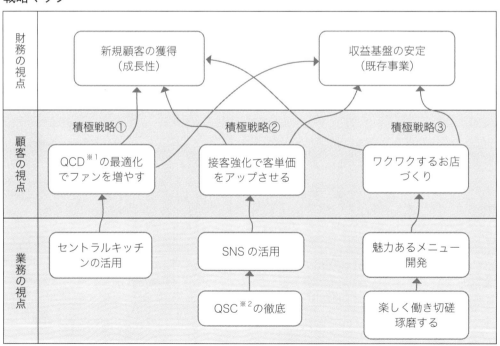

※1　QCD：Quality（品質）、Cost（コスト）、Delivery（納期）
※2　QSC：Quality（品質）、Service（サービス）、Cleanliness（清潔さ）

　この知覚マップで、自社がどの位置にいるのか、お客様目線でポジショニングし、競合他店と被らない、空いていて、差別化できるポジションを見つけてターゲティングすることで、積極戦略をより効果のあるものとする。これを「戦略マップ」とした整理したものが前ページの図である。

　アンゾフの成長マトリクスでいう新商品開発戦略では、既存の市場に新商品を投入する戦略なので、P社ではまず、④⑤⑥⑪の「強み」を生かし、それをBCの「機会」と掛け合わせて、「少数精鋭でオペレーションを改善し、人時売上を全店舗5,000円にする」（積極戦略❶）を導き出した。続けて、②④⑤⑥⑨の「強み」を生かして、ACGの「機会」を捉え「価格転嫁による値上げ等による客単価10％アップ」（積極戦略❷）、①②③④⑥⑨の「強み」とBDEの「機会」による「社内で店舗対抗の新メニューコンテストを実施し、限定メニュー売上構成比を20％にする」（積極戦略❸）を構築した。

　このほかにも、新市場開発戦略として、⑦⑪⑫⑬の「強み」とDEFHの「機会」を掛け合わせて「自販機・通販・テイクアウト・イベント等による新市場開拓で年間1,800万円売り上げる」（積極戦略❹）も構想したが、現段階で具体策や数字の根拠が得られていないので、本稿では割愛することとした（214～215ページおよび222～223ページ参照）。

（6）具体策連動 中期収支計画

　これらの積極戦略を「具体策」に落とし込み、さらに数値化して「中期収支計画」を策定する。

　売上については、材料費高騰による価格転嫁の理解が風潮となっていることと、商品力の高さから、値上したことによる需要の価格弾力性の影響も少ないと思われるので、値上を実行することとした。また、POPやSNS等での情報発信により既存客の客単価をアップさせ、新メニューコンテストやガチャガチャイベント等で集客を強化して、客数をアップさせることで3年後の売上目標を414,706千円に設定した。

　粗利については、社員の成長と、セントラルキッチンの活用で生産性を上げることで3年後に率にして1％、額は228,306千円から273,706千円に改善する。

　経費面では、人件費は物価高騰に合わせ毎年昇給し、管理可能な経費は情報共有により節減し、3年後に営業利益を6,275千円を目標とする。

クロス SWOT 分析（積極戦略ヒント付き）

		積極戦略		
積極戦略①	何を（商品商材）どうしたい（KSF）			顧客視点
		ターゲット（顧客・チャネル）	今後の具体的なニーズ（買いたい理由）	求める具体的なサービス・付加価値・課題解決
	少数精鋭でオペレーション改善・提供時間短縮・接客強化で人時売上目標を全店舗5,000円にする	●平日は、美味しい料理を短時間で食べたい忙しいサラリーマン ●休日は、美味しい料理を気持ちよく食べたい家族連れ	●美味しい料理を食べたい ●価格に見合った料理で満足したい ●待ち時間をできるだけ短くしたい	●QCD（品質・コスト・提供時間）を最適化することにより、来店客をファン化へつなげる
	組合せ			業務プロセス視点
		マーケティング・販促戦略	製造・構築の仕方	成果を出す社内体制・組織・仕組み
	④⑤⑥⑪ BC	●仕込み作業が軽減された分、見せる作業、品質チェック、ホール接客を強化し、再来店を促す	●セントラルキッチンでの仕込み作業の安定化が絶対条件	●適性なシフトをつくるためのダブルチェック ●店舗内のオペレーション改善システムの徹底 ●店舗間でスタッフの貸し借り等の協力体制
積極戦略②	何を（商品商材）どうしたい（KSF）			顧客視点
		ターゲット（顧客・チャネル）	今後の具体的なニーズ（買いたい理由）	求める具体的なサービス・付加価値・課題解決
	価格転嫁による値上げと、おすすめの声がけやPOPで注文点数を増やし客単価を10%引き上げる	●料理をシェアして食べるカップル客 ●もう一品食べたくなる1人客	●食べたい人気メニューが常に複数あるので、来店した今、食べておきたい	●価格以上の価値を感じる料理 ●話しやすく明るい接客で気持ちよく、美味しいものを食べたい ●お客をファン化できれば好みもわかり、おすすめもしやすい
	組合せ			業務プロセス視点
		マーケティング・販促戦略	製造・構築の仕方	成果を出す社内体制・組織・仕組み
	②④⑤⑥⑨ ACG	●追加注文やテイクアウトしやすいように、ラミネートしたメニュー写真や店内POPを工夫する ●サイドメニューや新メニューを声がけしておすすめする	●セントラルキッチンと連携を強化し、店内での提供時間が短縮できるように仕込みの仕方を改善する	●会議時に行っている各店舗でのQSCチェックの結果を生かし、各店舗内では、常にホールとキッチンが協力し合い、QSCを高いレベルに保つ ●SNS代行業者の活用と、各店のSNS情報発信数の管理で来店を促す
積極戦略③	何を（商品商材）どうしたい（KSF）			顧客視点
		ターゲット（顧客・チャネル）	今後の具体的なニーズ（買いたい理由）	求める具体的なサービス・付加価値・課題解決
	社内で店舗対抗の新メニューコンテストを実施し、限定メニューの売上構成比を20%にする	●よく注文するメニューが複数ある常連客 ●ワクワク感を求める新規客	●よく来ていただいている常連客にとって、期待を裏切らない新メニューを食べたい ●お店に行ったことはないが、美味しく楽しいイベントを開催していればお店に行ってみたい	●既存客を飽きさせない、生涯顧客になってもらう美味しい新メニュー開発や楽しいイベント特典
	組合せ			業務プロセス視点
		マーケティング・販促戦略	製造・構築の仕方	成果を出す社内体制・組織・仕組み
	①②③④⑥⑨ BDE	●長期的視野で、生涯顧客につなげるために、お客様を飽きさせないように魅力ある店舗づくりのための企画	●各店舗で一丸となってメニュー開発に取り組み、賄いで試作を繰り返して磨いていき、完成させる	●店舗内のチームワーク強化にもつながる企画なので、店長のリーダーシップの技量が必要になる ●会社としては、コンテスト上位入賞した店舗に金一封などのインセンティブを用意する

（すぐに取り組む具体策）		
		業績予測 （売上・個数・粗利率・粗利等）
顧客視点 KPI 1	顧客視点 KPI 2	
●前年同月比来店客数増加率	●提供時間についてのアンケート記載数	●店内オペレーションが改善され、提供時間の短縮により回転率が上がるが、定休日を設け、営業時間が全体で短くなっているので、売上は増えないが粗利率は改善する
		原価・経費予測 （設備投資、原価、必要経費等）
業務プロセス視点 KPI 1	業務プロセス視点 KPI 2	
●各店舗の人時売上 5,000 円	●FL コスト比率	●既存の設備の稼働率を上げることで生産性が高まる
		業績予測 （売上・個数・粗利率・粗利等）
顧客視点 KPI 1	顧客視点 KPI 2	
●各店舗の客単価前年同月比10%アップ	●お客様１人当たり注文点数	●材料費高騰分の価格転嫁値上げ＋今回の注文点数アップの取り組みにより、2,500 万円の売上増を見込む
		原価・経費予測 （設備投資、原価、必要経費等）
業務プロセス視点 KPI 1	業務プロセス視点 KPI 2	
●QSC（品質・サービス・クレンリネス）評価点	●SNS 情報発信件数	●追加注文を促す店内 POP 作成のための経費は少額だがかかる
		業績予測 （売上・個数・粗利率・粗利等）
顧客視点 KPI 1	顧客視点 KPI 2	
●総出数／販売日数　1 日当たりの出数	●各店舗での月内出数ランキング	●新メニューコンテストにより、既存客からの注文、新規客の注文が増え、売上は上がる。それに伴い粗利額も増える見込み
		原価・経費予測 （設備投資、原価、必要経費等）
業務プロセス視点 KPI 1	業務プロセス視点 KPI 2	
●限定メニュー開発数	●限定メニューの売上構成比20%	●新メニュー開発にかかる材料費、イベントの広告費用・販促費用を想定

クロス SWOT 分析の具体策連動 中期収支計画

科目	売上科目	商品または顧客	前年度実績	今期（51期）の予想	来期（52期）の予想	再来期（53期）の予想
売上	既存商品売上	平日は働いている方のランチ需要が多く、土日はファミリーでの食事が多い				
	既存商品売上	平日は働いている方のランチ需要が多く、土日はファミリーでの食事が多い	298,419	314,570	320,856	333,690
	新商品売上	既存ファンを飽きさせず、期待を裏切らない新商品を開発し、生涯顧客を獲得する	52,662	78,642	80,214	81,016
	売上合計		351,081	393,212	401,070	414,706
原価	原材料・仕入（売上原価）		122,775	135,053	136,364	141,000
	外注費		0	0	0	0
	労務費		0	0	0	0
	その他製造原価		0	0	0	0
	原価計		122,775	135,053	136,364	141,000
売上総利益（粗利）合計			228,306	258,159	264,706	273,706
平均粗利率			65.0%	65.7%	66.0%	66.0%

(単位：千円)

戦略での概算数値（売上・原価・経費）整理		
クロス分析の戦略と具体策から捻出される売上概況・内容 （新商材・新規チャネル等の売上増や既存商材の売上減等）		新たに増減する売上高
〈1〉	●少数精鋭でオペレーション改善・提供時間短縮・接客強化で、人時売上目標を全店舗5,000円にする	●店内オペレーションが改善され、提供時間の短縮により回転率が上がるが、定休日を設け、営業時間が全体で短くなっているので、売上は増えないが粗利率は改善する
〈2〉	●価格転嫁による値上げと、おすすめの声がけやPOPで注文点数を増やし、客単価を10％引き上げる	●材料費高騰分の価格転嫁値上げ＋今回の注文点数アップの取り組みにより、2,500万円の売上増を見込む
〈3〉	●社内で店舗対抗の新メニューコンテストを実施し、限定メニューの売上構成比を20％にする	●新メニューコンテストにより、既存客からの注文、新規客の注文が増え、売上は上がる。それに伴い粗利額も増える見込み
クロス分析の戦略と具体策に該当する仕入又は粗利に関する概況・内容（新商材・新規チャネル等で発生する原価や仕入、既存商材の売上ダウンに伴う仕入減、又は粗利率の変動も含む）		新たに増減する原価・仕入
〈1〉	●材料費の高騰分は、しっかり価格転嫁する	●原価率を34％に抑える
クロス分析の戦略と具体策に該当する経費支出・削減の科目と金額に関する科目と概況と内容（新対策で新たに発生する経費も含む）		新たに増減する経費
〈1〉	●少数精鋭でオペレーション改善・提供時間短縮・接客強化で人時売上目標を全店舗5,000円にする。	●既存の設備の稼働率を上げることで生産性が高まる
〈2〉	●価格転嫁による値上げと、おすすめの声がけやPOPで注文点数を増やし、客単価を10％引き上げる	●追加注文を促す店内POP作成のための経費は少額だがかかる
〈3〉	●社内で店舗対抗の新メニューコンテストを実施し、限定メニューの売上構成比を20％にする	●新メニュー開発にかかる材料費・イベント等の販促費用を想定

1
2
3
4
5
6
7
8
9
10

クロス SWOT 分析の具体策連動 中期収支計画　続き

科目	費目	前年度実績	今期（51 期）の予想	来期（52 期）の予想	再来期（53 期）の予想
販売費および一般管理費	役員報酬・人件費（法定福利・福利厚生込）	150,722	154,164	157,709	161,360
	雑給	0	0	0	0
	減価償却費	17,140	17,140	17,140	17,140
	地代家賃	18,582	18,582	18,582	18,582
	保険料	7,358	7,358	7,358	7,358
	修繕費	1,348	1,375	1,402	1,431
	水道光熱費	25,210	26,212	26,998	27,808
	消耗品費	9,171	9,354	9,542	9,732
	広告宣伝費	1,535	1,535	1,535	1,535
	支払手数料	4,047	4,128	4,210	4,295
	販売促進費	3,948	4,027	4,107	4,190
	車両費	1,580	1,580	1,580	1,580
	管理諸費	2,446	2,495	2,545	2,596
	雑費	4,804	4,900	4,998	5,098
	その他経費	4,454	4,543	4,634	4,727
	販管費合計	252,345	257,393	262,341	267,431
	営業利益	−24,039	766	2,365	6,275
営業外	営業外支出	1,884	1,800	1,800	1,800
	営業外収益	7,268	2,000	2,000	2,000
	経常利益	−18,655	966	2,565	6,475

（単位：千円）

	クロス分析の戦略と具体策に該当する経費支出・削減の科目と金額に関する科目と概況と内容（新対策で新たに発生する経費も含む）	新たに増減する経費
〈4〉	●物価高騰に伴い毎年アップさせる	毎年2～3%アップを見込む
〈5〉	●人件費に含む	
〈6〉	●再投資を想定し、同じ額に設定	
〈7〉	●物価高騰はしているが、経年により、そのままで計上	
〈8〉		
〈9〉	物価高騰により増額	毎年2%アップを見込む
〈10〉	物価高騰により増額	毎年3%アップを見込む
〈11〉	物価高騰により増額	毎年2%アップを見込む
〈12〉	● SNS代行業者のスキルを学び、自社発信するため横ばい	
〈13〉	物価高騰により増額	毎年2%アップを見込む
〈14〉	物価高騰により増額	毎年2%アップを見込む
〈15〉	●ハイブリット車増により横ばい	
〈16〉	物価高騰により増額	毎年2%アップを見込む
〈17〉	物価高騰により増額	毎年2%アップを見込む
〈18〉	物価高騰により増額	毎年2%アップを見込む
〈19〉		
〈20〉		
〈21〉		
〈22〉	●前年度にはコロナ助成金等が含まれており今期からはなくなる	
〈23〉		

(7) KPI監査モニタリング

　上記のように、積極戦略が3つできたので、それぞれの戦略についてKPIを設定し、モニタリングしていく。

積極戦略❶	人時売上のKPIで現在、店舗によって3,500円と4,000円の目標になっているが、全店5,000円に目標を訂正する。
積極戦略❷	顧客の視点に、お客様満足度向上の戦略目標、客単価のKPIを設定し、客単価を10%アップさせる。
積極戦略❸	業務の視点、魅力ある店舗づくりの戦略目標に、限定メニューの売上構成比20%のKPIを追加する。

　P社では、戦略目標・KPIを徐々に増やして振り返りを習慣化させた経緯があるので、社員と筆者との信頼関係ができていた。

　コロナ禍で厳しいときも給料を減らさず賞与を払い続けた社長との関係性もよいので、新たな戦略目標・KPIが追加されても、必要性を理解すれば抵抗感なく、前向きに目標に取り組む組織風土が醸成されている。

　今回追加したKPIも社員の力によって機能し、今後、確実に成果が出るものと思われる（230〜231ページ参照）。

(8) KSF〜KPI〜アクションプランの流れとKPI監査後の変化

　今までの店長・副店長会議は、月に1回、朝9時から夜8時までかかっていたが、現在は、店長・副店長会議は午前中で終わる。午後1時から4時までは、筆者がファシリテーターとなり、KPI振り返り会議と研修会を行うスタイルに変わり、内容を充実させながら時短できたので、経営者から高評価をいただいた。

　KPI振り返り会議導入当初は、参加者が振り返りを行うKPI的な数値目標は各店舗の売上のみだったことから、全部の目標を数値化する取り組みには、はじめは戸惑いも見られた。

　導入時の説明会では、戦略マップの財務目標と非財務目標との因果関係や、数

値化することの重要性、店長としての計数管理の必要性、店長の役割などを説明して、合意形成できた。

　まずやってみる社風にも助けられ、KPIの振り返りを6年間継続してきたが、年々振り返りの内容が充実し、進化している。特に大きく変わったことは、社員の成長と、社員の協力体制である。

　社員の成長に関しては、若い元気な店長が多かったことから、接客や売上目標達成については機能していたが、計数管理や運営管理、人間関係の面はあまり得意でない方が多かった。

　店長会議の日にKPIの振り返りだけではなく、計数管理や運営管理、人間関係に関する研修も実施してきたので、思考や行動に変化が見られ、社員が成長してきている実感がある。

　社員の協力体制については、はじめは各店舗間でセクショナリズムが強く、部分最適の状況になることが多かったが、しかし、全社で同じツールを使うことで一体感が増し、情報の一元化にもなり、他店の苦労している状況もわかるので、店舗間で協力し合うようになったことが大きな成果となっている。

　KPIの振り返り会議の中でも、ただの報告会にならないように、各店への質問・提案・感想・激励などのコメントを筆者が募り、店舗間で意見を交わすことで、うまくいっていることは各店舗で学び合い、困っていることは全員で共有して解決する仕組みができている。

　筆者は、このKPIの振り返りを10年以上、数十社の中小企業でサポートしてきたが、中小企業を支援する者として、情熱をもって、経営者と社員と三位一体で継続支援すれば、必ず成果は出ると確信している（232～235ページ参照）。

KPI 監査モニタリングシート

実施項目 (何をどうする)	視点	KPI内容	担当者	4月			5月		
				計画	実績	対策	計画	実績	対策
●少数精鋭でオペレーション改善・提供時間短縮・接客強化により、人時売上目標を全店舗5,000円にする	顧客視点	●前年同月来店客数増加率		100	98	7店舗中6店舗で売上目標を達成したが、来店客数は微減。SNSの情報発信が少ないので増やす	100	102	7店舗中4店舗で売上目標達成。うち2店舗で10%以上達成。目標以下の店舗の回転率を上げる
		●提供時間についてのアンケート記載数		3	8	A店の提供時間が遅いので、メニューの絞り込みが必要	3	6	依然、A店の提供時間が遅い。今月中にはメニューの絞り込みを行う
	業務プロセス視点	●各店舗の人時売上5,000円		5,000	4,627	セントラルキッチン増設により、店内の仕込み負担が軽減されているはず。生産性の意識が必要	5,000	5,612	5月は忙しく目標達成。忙しい時の動きをしっかり覚えて、次の繁忙期に生かすことが重要
		●FLコスト比率		58	56.8	値上の影響もあり目標達成。各店舗間でオーバーポーションにならないよう気をつける	58	56.2	目標達成。管理ロスを減らし、適正なシフトの徹底で58%を超えないようにする
●価格転嫁による値上げと、おすすめの声がけやPOPで注文点数を増やし、客単価を10%引き上げる	顧客視点	●各店舗の客単価前年同月比10%アップ		10	8	値上により8%アップしているが10%には届かず。セットメニューを選んでもらうように工夫する	10	9	もう少しで目標達成。サイドメニューを声がけでおすすめする
		●お客様1人当たり注文点数		1.5	1.4	トッピングを含めれば余裕で目標達成だったが、含めないルールでスタート	1.5	1.6	ギョーザとから揚げの注文が多い。声がけでもっと増やせるかも
	業務プロセス視点	●QSC(品質・サービス・クリンリネス)評価点		4	3.5	気温が上がるので食材管理に気をつける。GWは忙しくても笑顔を意識する	4	2.5	掃除を予定していたができなかった。窓の汚れがあったので定期的に確認する
		●SNS情報発信件数		56	33	情報発信している店舗としていない店舗がある。声がけして促す	56	29	やっていない店舗が全体の足を引っ張っているので、なぜSNSでの情報発信が必要か丁寧に説明する
●社内で店舗対抗の新メニューコンテストを実施し、限定メニューの売上構成比を20%にする	顧客視点	●総出数／販売日数1日当たりの出数							
		●各店舗での月内出数ランキング							
	業務プロセス視点	●限定メニュー開発数		3	1	○○チャーハン開発	3	3	○○飯、○○丼、○○つけ麺を開発投入
		●限定メニューの売上構成比20%		20	12	券売機前に限定メニューの告知を目立つように貼った	20	18	○○丼が1,400円と高価だが、リピーターはついた

2023年度											
6月			7月			8月			9月		
計画	実績	対策	計画	実績	対策	計画	実績	対策	計画	実績	対策
100	104	7店舗中5店舗が目標達成。目標以下の店舗は人手不足で休業中。人の募集が急務	100	105	7店舗中目標達成が5店舗、未達が2店舗。休業中の店舗で再開準備	100	99	目標達成が4店舗、未達が3店舗だったが、うち未達の1店舗は、前年に全国放送があり売上がよすぎたのが要因。休業中の店舗再開	100	104	4店舗で達成、2店舗は横ばい、1店舗が未達。まだまだSNSでの情報発信が足りない。店舗ごとに発信数管理することになった
3	3	アンケートへの記載は減ったが、メニュー絞り込みの成果がまだ出ていない。ダンドリを意識する	3	1	メニュー絞り込みの成果が出て、アンケート記載数が減った。声がけとキビキビした動きを継続	3	4	提供時間の遅れが増えた。再度、声がけとキビキビした動きを徹底し、多能工化をすすめる	2	1	今月はアンケート記載が少なかったが、多能工化をすすめ、提供時間短縮に努める
5,000	4,557	シフトの組み方で失敗が多かったので、天気や行事などを考えて需要予測必要	5,000	5,332	目標達成。忙しかったが少数精鋭で協力して動くことができた。継続してさらに改善する	5,000	5,142	先月より若干下がったが目標達成。仕込みの時間の見直しでもう少し時間短縮できるはず	5,000	4,910	平日の夜のシフトにムダがあった。需要予測の精度を高める必要がある
58	57.2	3か月連続目標達成。達成している店舗は、達成していない店舗へノウハウを伝授する	58	57.4	社員の割合が低い店舗は目標達成しているが、高い店舗は、給料に見合った動きが必要	58	57.2	今月もスタッフ不足の中、繁忙期を乗り切ったが、来年に向けて改善すべき点は改善し、記録する	58	57.2	6か月連続目標達成。食材のロスと人件費の管理がよくコントロールできている。共有財産として残す
10	10	サイドメニューの声がけの成果が出たのか、客単価10%アップで目標達成	10	8	夏メニューで単品のお客様が多かった。サイドメニューの提案をする		10	セットものは減り、夏メニューの単品が多かったが、ドリンクの注文が増えた	10	11	席についてからも追加注文しやすいように、ラミネート加工したメニューにその旨記載する
1.5	1.6	今月もギョーザとから揚げの注文は多い。カップル客が3品目をシェアするのも多い	1.5	1.7	食券の店舗は店内POPで、食券でない店舗は声がけでサイドメニューをおすすめする	1.5	1.5	新たなサイドメニューを社内で考えることになった	1.5	1.6	夜の丼物の充実で注文点数を増やす
4	3	お客様を見て元気な挨拶をする。エプロンの汚れに注意。食材の出しっ放しがあった。注意	4	3.5	夏メニューのオペレーション確認。ドレスを綺麗に。お見送りをしっかりする。人参とタケノコ廃棄した。食材管理注意	4	3.5	連日暑いがだらだらせず動けた。衛生検査の結果よかった。冷蔵庫の掃除、エアコンの温度調整	4	4	元気に楽しく働けるよう話し合う。Kさんにホール指導。スープ・丼の温度に注意
56	38	目標8件達成している店舗はもっと多く発信してもよい。やれていない店舗は1人で悩まず複数で協力し合う	56	36	なかなか全店で取り組めないので、SNS代行業者を活用することにした	56	47	SNS代行業者に依頼し動画を多数投稿できた。ノウハウを習得し自店でできるようにする	56	45	フォロワー数が増えてきた。継続することでもっと増えるので、ネタに詰まったらグループLINEなどで助け合って情報発信する
								店長会議で、各店対抗の新メニューコンテストを実施することになった			7店舗でのスタンプラリーや、常連さん参加の試食会など、よい案が出た
								店長会議で決まった各店舗対抗新メニューコンテストのアイデアを各店舗内で話し合った			スタッフが楽しんで働ける職場環境をつくり、お客様にも喜んでいただけることが目的
3	0	新メニュー開発はなし	3	0	新メニューは今月もなし	3	3	カレー○○、○○中華、○○丼開発、投入	3	4	ネギ関連の新メニュー2つ、ミニ丼2つ開発
20	22	恒例の夏メニューを投入	20	23	夏メニューが好調	20	21	休業中の店舗でメニューもリニューアル。夏メニュー出数多い	20	18	ネギ関連の新メニューが限定メニューに

KSF ➡ KPI ➡ アクションプラン

実施項目 (何をどうする)	視点	KPI内容	計画と結果対策	4月	5月
●少数精鋭でオペレーション改善・提供時間短縮・接客強化により、人時売上目標を全店舗5,000円にする	顧客視点	●前年同月来店客数増加率	計画	7店舗中6店舗で売上目標を達成したが来店客数は微減。SNSの情報発信が少ないので増やす	7店舗中4店舗で売上目標達成。うち2店舗で10以上達成。未達の店舗の回転率を上げる
			結果対策	「結果対策」の具体例については、	
		●提供時間についてのアンケート記載数	計画	A店の提供時間が遅いので、メニューの絞り込みが必要	依然、A店の提供時間が遅い。今月中にはメニューの絞り込みを行う
			結果対策		
	業務プロセス視点	●各店舗の人時売上5,000円	計画	セントラルキッチン創設により、店内の仕込み負担が軽減されているはず。生産性の意識必要	5月は忙しく目標達成。忙しい時の動きをしっかり覚えて次の繁忙期に生かすことが重要
			結果対策		
		●FLコスト比率	計画	値上の影響もあり目標達成。各店舗間でオーバーポーションにならないよう気をつける	目標達成。管理ロスを減らし、適正なシフトの徹底で58%を超えないようにする
			結果対策		
●価格転嫁による値上げと、おすすめの声がけやPOPで注文点数を増やし、客単価を10%引き上げる	顧客視点	●各店舗の客単価前年同月比10%アップ	計画	値上により8%アップしているが10%には届かず。セットメニューを選んでもらうように工夫する	もう少しで目標達成。サイドメニューを声がけでおすすめする
			結果対策		
		●お客様1人当たり注文点数	計画	トッピングを含めれば余裕で目標達成だったが、含めないルールでスタート	ギョーザとから揚げの注文が多い。声がけでもっと増やせるかも
			結果対策		
	業務プロセス視点	●QSC(品質・サービス・クリンリネス)評価点	計画	気温が上がるので食材管理に気をつける。GWは忙しくても笑顔を意識する	掃除を予定していたができなかった。窓の汚れがあったので定期的に確認する
			結果対策		
		●SNS情報発信件数	計画	情報発信している店舗と、していない店舗がある。声がけして促す	やっていない店舗が全体の足を引っ張っているので、なぜSNSでの情報発信が必要か丁寧に説明する
			結果対策		

2023年			
6月	7月	8月	9月
7店舗中5店舗が達成、2店舗が未達。未達の1店舗は人手不足で休業中。人の募集が急務	7店舗中達成が5店舗、未達が2店舗。休業中の店舗で再開準備	目標達成が4店舗、未達が3店舗だったが、うち未達の1店舗は、前年に全国放送があり売上がよすぎたことが要因。休業中の店舗再開	4店舗で達成、2店舗は横ばい、1店舗が未達。まだまだSNSでの情報発信が足りない。店舗ごとに発信数管理することになった

当該企業の特定やノウハウの流出になるおそれがあるため、本稿では割愛します。（以下同様）

アンケートへの記載は減ったが、メニュー絞り込みの成果がまだ出ていない。ダンドリを意識する	メニュー絞り込みの成果が出て、アンケート記載数が減った。声がけとキビキビした動きを継続	提供時間の遅れが増えた。再度、声がけとキビキビした動きを徹底し、多能工化をすすめる	今月はアンケート記載が少なかったが、多能工化をすすめ、提供時間短縮に努める
シフトの組み方で失敗が多かったので、天気や行事などを考えた需要予測必要	目標達成。忙しかったが少数精鋭で協力して動くことができた。継続してさらに改善する	先月より若干下がったが目標達成。仕込みの時間の見直しでもう少し時間短縮できるはず	平日の夜のシフトにムダがあった。需要予測の精度を高める必要がある
3か月連続目標達成。達成している店舗は、達成していない店舗へノウハウを伝授する	社員の割合が低い店舗は目標達成しているが、高い店舗は、給料に見合った動きが必要	今月もスタッフ不足の中、繁忙期を乗り切ったが、来年に向けて改善すべき点は改善し、記録する	6か月連続目標達成。食材のロスと人件費の管理がよくコントロールできている。共有財産として残す
サイドメニューの声がけの成果が出たのか客単価10%アップでの目標達成	夏メニューで単品のお客様が多かった。サイドメニューの提案をする	セットものは減り、夏メニューの単品が多かったが、ドリンクの注文が増えた	席についてからも追加注文しやすいように、ラミネート加工したメニューにその旨記載する
今月もギョーザとから揚げの注文は多い。カップル客が3品目をシェアするのも多い	食券の店舗は店内POPで、食券でない店舗は声がけでサイドメニューをおすすめする	セットものは減り、夏メニューの単品が多かったが、ドリンクの注文が増えた	席についてからも追加注文しやすいように、ラミネート加工したメニューにその旨記載する
お客様を見て元気な挨拶をする。エプロンの汚れに注意。食材の出しっ放しがあった。注意	夏メニューのオペレーション確認。ドレスを綺麗に。お見送りをしっかりする。人参とタケノコ廃棄した。食材管理注意	連日暑いがだらだらせず動けた。衛生検査の結果よかった。冷蔵庫の掃除、エアコンの温度調整	元気に楽しく働けるよう話し合う。Kさんにホール指導。スープ・丼の温度に注意
目標8件達成している店舗はもっと多く発信してもよい。やれていない店舗は1人で悩まず複数で協力し合う	なかなか全店で取り組めないので、SNS代行業者を活用することにした	SNS代行業者に依頼し動画を多数投稿できた。ノウハウを習得し自店でできるようにする	フォロワー数が増えてきた。継続することでもっと増えるので、ネタに詰まったらグループLINEなどで助け合って情報発信する

KSF ➡ KPI ➡ アクションプラン　続き

実施項目 （何をどうする）	視点	KPI 内容	計画と結果対策	4月	5月
●社内で店舗対抗の新メニューコンテストを実施し、限定メニューの売上構成比を20%にする	顧客視点	●総出数／販売日数 1日当たりの出数	計画		
			結果対策		
		●各店舗での月内出数ランキング	計画		
			結果対策		
	業務プロセス視点	●限定メニュー開発数	計画	○○チャーハン開発	○○飯、○○丼、○○つけ麺を開発投入
			結果対策		
		●限定メニューの売上構成比20%	計画	券売機前に限定メニューの告知を目立つように貼った	○○丼が1,400円と高価だが、リピーターはついた
			結果対策		
	顧客視点				
	業務プロセス視点				

2023 年			
6 月	7 月	8 月	9 月
		店長会議で、各店対抗の新メニューコンテストを実施することになった。	7 店舗でのスタンプラリーや、常連さん参加の試食会など良い案が出た。
		店長会議で決まった各店舗対抗新メニューコンテストのアイデアを各店舗内で話し合った	スタッフが楽しんで働ける職場環境をつくり、お客様にも喜んでいただけることが目的
新メニュー開発はなし	新メニューは今月もなし	カレー○○、○○中華、○○丼開発、投入	ネギ関連の新メニュー2つ、ミニ丼2つ開発
恒例の夏メニューを投入	夏メニューが好調	休業中の店舗でメニューもリニューアル。夏メニュー出数多い	ネギ関連の新メニューが限定メニューに

memo

Chapter 9

SWOT分析&シンプルBSCを活用した経営計画とKPI監査

《事例4 計測機器販売》

執筆：上月和彦

事例4 計測機器販売

《事例企業の概況》

A社は昭和6年に初代が創業し、平成29年に3代目として現社長が家族以外の親族承継をした後、令和元年に法人化した。現在は8名の社員（役員を含む）で運営しており、売上高は5年前から倍増している。しかし、筆者が関与した当時、利益率は低く、財務状況も不安定であった。

主な取引先はB社（B社には2つの支社がある）であり、取引依存度は98％に達している状況だ。

B社の研究所では、予算90億円を20社の業者が取り合っており、競争が激しい状況である、そのような経営環境の中でA社は、積極的な社風（提案力）と問題解決能力を武器に顧客ニーズに応えて業績を向上させてきた。

《KPIの振り返りに取り組む理由》

A社がシンプルBSC・KPI監査に取り組むきっかけになったのは、3代目社長がまだ30代後半と若く、事業の成長意欲が旺盛で、節税よりも会社を成長させたいとの思いから、経営計画書作成と経営支援の依頼があったからである。

じつは、以前の顧問税理士が税務専門の税理士であり、経営の相談ができなかったことから筆者に相談があった次第である。

（1）現状把握

筆者はA社の現状把握と必要利益の算出を行い、その結果、以下のような課題が明らかになった。

- ●業界が閉鎖的で競争原理が働いていない。
- ●B社からのオーダーに対し、商材を右から左へ動かしているだけ（商社的ビジネス）で付加価値の提供ができていない。
- ●現在のビジネスモデルは代替可能性が高く、御用聞き営業の要素が強い。
- ●業績が急成長しているため、運転資金不足が慢性的に発生していた。年に1回の業績把握と進捗管理では不安である。
- ●根拠ある経営管理システムを社内に構築する必要がある。
- ●このビジネスモデルを横展開するために、同社の強みを見える化した活動を商品化し、認知活動による広告効果を模索する必要がある。

直前期の損益状況　　　　　　　　　　　　　　（単位：千円）

売上高 678,815	限界利益（粗利） 132,117	変動費 546,698	
		固定費（営業外損益含む） 121,212	人件費 81,284
			減価償却費 2,853
			その他 37,075
		経常利益（税引前） 10,905	法人税等 1,758
			税引後利益 9,147

生み出した資金 12,000

直前期の資金状況

当期営業から生み出した資金	12,000	
運転資本増減にともなう資金	14,382	
その他（売掛・買掛の増減）	−2,663	← CF 計算書より
設備投資（売却分はプラス）	−26,000	← CF 計算書より
その他（有価証券売却）	−1,100	← CF 計算書より
返済原資（フリーCF）	−3,381	
＋）借入金増加		← CF 計算書より
−）借入金返済	15,792	← CF 計算書より
その他		← CF 計算書より
当期資金増減	−19,173	
前期末資金残高	75,109	
当期末資金残	55,936	

変動損益計算書（5期分）

（単位：千円）

科目		5 期前 2018年度	4 期前 2019年度	3 期前 2020年度	2 期前 2021年度	直前期 2022年度
売上	売上高	388,051	496,211	491,626	596,469	678,815
	売上高合計	388,051	496,211	491,626	596,469	678,815
変動費	原材料費（売上原価）					
	外注費					
	その他変動製造原価 （容器包装費）					
	商品売上原価	319,534	395,198	370,152	471,745	542,966
	荷造包装費	1,101	1,001	1,047	874	805
	消耗品費	1,853	3,789	5,823	5,886	2,927
	その他変動販売費					
	変動費合計	322,488	399,988	377,022	478,505	546,698
限界利益（粗利）		65,563	96,223	114,604	117,964	132,117
平均限界利益率（粗利率）		16.9%	19.4%	23.3%	19.8%	19.5%
固定費	製造人件費（労務費）					
	販管人件費	40,966	39,672	64,075	80,444	81,284
	減価償却費（製造）					
	その他固定製造原価					
	減価償却費（販管）		1,467	2,105	2,133	2,853
	広告宣伝費			1,035	720	876
	接待交際費	2,434	8,165	5,376	4,577	6,673
	リース料	310	609	269	338	314
	車両費		1,057	1,116	2,521	2,801
	通信費	1,426	1,625	1,442	1,505	1,599
	旅費交通費	4,793	5,122	1,442	4,034	5,360
	保険料	291	1,771	5,444	4,787	6,289
	地代家賃	2,151	1,873	2,736	2,366	2,892
	その他販管固定費	5,980	6,800	10,610	9,357	11,229
	固定費合計	58,351	68,161	95,650	112,782	122,170
営業利益		7,212	28,062	18,954	5,182	9,947
営業外	営業外費用	1,290	1,489	985	576	1,110
	営業外収益		2,685	2,992	4,410	2,068
経常利益		5,922	29,258	20,961	9,016	10,905
自己資本比率				65.53%	59.70%	43.11%

運転資本の増減（5期分）　　　　　　　　　　　　　　（単位：千円）

科目		5期前	4期前	3期前	2期前	直前期
		2018年度	2019年度	2020年度	2021年度	2022年度
現金預金		77,176	106,159	70,867	75,109	66,050
売上債権	受取手形					
	売掛金	52,217	15,273	26,535	56,472	64,323
	売上債権合計	52,217	15,273	26,535	56,472	64,323
棚卸資産	商品	1,130	450	158	43	71
	製品					
	原材料					
	仕掛品					
	貯蔵品					
	棚卸資産合計	1,130	450	158	43	71
買入債務	支払手形					
	買掛金	50,889	23,359	22,420	47,501	69,762
	買入債務合計	50,889	23,359	22,420	47,501	69,762

（2）必要利益の背景と差額

また、必要経常利益は以下の理由から算出した。

- 売上は計画どおり達成しているが、人件費の急激な増加を賄うだけの限界利益が確保できていない。
- 社長は人件費を減らして利益を確保するという経営は絶対にしたくないようで、あくまでも増収・増益を目指したいとの意向である。
- 設備投資と人件費コストが大きく、目標利益が確保できていない。
- 借入金の年間返済額1,580万円を税引後利益で返済するための必要利益は2,250万円とした。

必要売上・利益 および差額金額の把握

直前期のデータをもとに、可能性のある3つのパターンでシミュレーションを行う（返済原資は決まっているが、売上、変動費、固定費が変化することで、どこに注力すべきか経営者に意識してもらう）。
最終的には、「現状の売上・粗利」と「必要売上・粗利」との差額を確定し、経営計画用の売上・粗利を決める。

（単位：千円）

		リスクシナリオ（破局のシナリオ）	返済・成長投資可能目標
	売上高増減	0%	20%
	変動費増減	10%	20%
	固定費増減	0%	10%
現状（直前期）		⬇	⬇
売上高	678,815	678,815	814,578
変動費	546,698	601,368	656,038
固定費	122,170	122,170	134,387
営業外損益	958	958	958
税引前利益（a）	10,905	−43,765	25,111
減価償却費　（b）	2,853	2,853	21,697
運転資本増減（c）	14,382	14,382	14,382
その他　　　（d）	−2,663	−2,663	−2,663
設備投資　　（e）			
その他　　　（f）	−1,100	−1,100	
返済原資	24,377	−30,293	58,527

返済・成長投資可能目標　　　　　　　　　　　　　　　　（a）＋（b）＋（c）＋（d）

	現状	必要額	差額
売上高	678,815	814,578	135,763
変動費	546,698	656,038	109,340
固定費	122,170	134,387	12,217
税引前利益	10,905	25,111	14,206

必要額 − 現状

（単位：千円）

売上高改善案	変動費改善案	固定費改善案
10%	10%	0%
10%	20%	0%
0%	0%	−5%
⬇	⬇	⬇
746,697	746,697	678,815
601,368	656,038	546,698
122,170	122,170	116,062
958	958	958
24,117	−30,553	17,014
21,697	21,697	21,697
14,382	14,382	14,382
−2,663	−2,663	−2,663
−1,100	−1,100	−1,100
56,433	1,763	49,330

経営計画用
差額売上高
135,763

経営計画用
差額粗利
14,206

（3）クロス SWOT 分析「強み分析」

　戦略を策定するためにクロス SWOT 分析を行った。

　「強み分析」では、「顧客は何にお金を払うのか」という視点から、A 社の強みを深掘りした結果、以下のような強みを見出した。

- ●商材に付加価値がないので、顧客のお困りごとに忍耐強く対応し、何らかの解決案を提示する能力が高い（問題解決能力）。
- ●積極的で諦めないという社風から前向きな社員が多い。
- ● A 社に相談すると何らかの解決策が出てくる信頼感。

　これらの「強み」は、「顧客提供価値の二面性（出口と入口）」からも確認できた。すなわち、出口から見た価値として、顧客は上記の価値に対してお金を払っていると考えられる。また、入口から見た価値として、A 社は情報収集能力に優れている点がある。

　具体的には、他社より多くの人材を現場に投入していることと（他社 1 名～ 2 名のところ A 社は 4 名～ 5 名）、製作図面を入手できるようになったことが一番大きいとのことであった。

　その入手した図面に書かれている製品の仕様や型式番号等の情報から、相手方に積極的に提案できるようになったことで、川下の情報から川上の情報へとより多くの情報を他社より早く入手している。この情報が仕入先メーカーからすると、有用な情報源として魅力的に見えたようである。

　このように、入口の価値と出口の価値が一致することで、受注が増加しているのだ。この分析から、A 社の本当の「強み」は商材の品質や性能ではなく、「社員の人間性と情報力」であることがわかった。この「強み」は、商材や得意先が変わってもビジネス展開が可能であり、他社が真似のできない「強み」であるといえるが、ただし属人的な強みでもある。

　本来、「属人的な強み」は SWOT 分析の世界では取り上げにくい事象だが、実際の営業活動で顧客からの評価が高い事情を鑑み、あえて「強み」と定義づけた。

　また、中小企業特有の「強み」として、転勤がないことも大きな強みのようで

ある。大手企業の場合、異動や転勤で2〜3年で担当者が替わり、その度に新任の担当者は、過去の経緯や決めごとについて説明を聞き、理解していかなければならなかった。しかしA社の場合、原則として転勤や担当替えがないことがB社にとって都合がよかったようである。

「強み分析」をしているときの経営者の表情や反応では、当初は本当の強みの本質がわからなかった様子で、戸惑いながらの返答が多かった。しかし「なぜなぜ？」を繰り返していくうちに、本当の「強み」の本質や背景が見えてきたようであった。また、「強み」が社員の属人的能力や社風によるところが大きいことが再認識でき、このような社員が多くいてくれることが当社の社風によい影響を及ぼしていると感じた。

社長は、会社を急成長させることで「強み」や「社風」が変わってしまわないかが心配だと考えており、「成長と強み」のバランスをどのようにとればよいかという新たな課題が見えてきたようである。

さらに、BSCの「顧客視点」として、「顧客が求めている本当のサービスとは何か？」という問いに対して、商社としてのサービスと、証明事業としてのサービス内容の基本的考え方の違いに初めて気がついたようであった。

（246〜247ページ参照）

（4）クロス SWOT 分析「機会分析」

次に、「機会分析」では、今後の需要や可能性を深掘りしていった。特に、「お金を払うからもっとここまでしてほしいニーズ」の項目では、「顧客視点」で、お客様に「価格は関係ない」と言ってもらえるビジネスモデルを確立したいと考えていた。

「機会分析」では、商品や価格で差別化したいわけではないので、「機会」についてはイメージしにくかったようである。しかし、「顧客はどこを評価しているか」の議論の中で、社員の人間性や同社の川上情報に関心を示してくれているであろうことは、B社の担当者とのヒアリングで想定はできていた。そのニーズをどのように発掘していくのかという新たな課題が浮かび上がった。

そこで、自社の強みを活かしたビジネスモデルを構築するために、クロスSWOT分析を行い、B社の研究所のニーズや可能性を深掘りすることにした。

クロスSWOT分析　「強み」をどう活かすか

会社名・部門名	A社	差額売上	137,563 千円
実施日・SWOT分析参加者	2023年7月、社長、専務、筆者（上月）	差額利益	14,206 千円

		強み（内部要因）と
	カテゴリー	ヒント
A	既存顧客、既存チャネルの強み	●顧客台帳・リスト数・DM先数・アポが取れる客数 ●常連客、A客の数、ロイヤルカスタマーになった理由 ●有力な顧客先となぜその顧客が生まれたかの要因
B	既存商品、既存仕入先、取引業者の強み	●この取扱商品を持っていることでのプラスの影響 ●この仕入先、外注先、取引先を持っていることでのプラスの影響 ●この販売エリア、マーケティングチャネルを持っていることのプラスの影響
C	技術、人材、知識、ノウハウ、経験の強み	●技術、ノウハウの具体的な「強み」で顧客から評価されている事項 ●顧客が評価する技術や知識、経験を持った人材の内容 ●顧客が評価する社内の仕組み、システム、サービス
D	設備、機能、資産の強み	●他社に優位性を発揮している生産設備、什器備品、不動産 ●顧客が認める組織機能（メンテ、営業サポート、物流など）
E	外部から見て「お金を出してでも手に入れたい」と思われること	●もしM&Aされるとしたら、買う側はどこに魅力を感じるか ●買う側が魅力に感じる顧客資産とは
F	外部から見て「提携」「コラボ」「相乗り」したいと思われること	●協業を求める外部資本が魅力を感じる顧客資産・商材資産、組織機能資産

課題整理1	
課題整理2	
課題整理3	

活かせる分野	
ヒントの答え	横展開の可能性
●既存顧客が超大手優良企業であり、その優良企業と80年にわたる取引実績が大きな信用になっている	●当社の「人的サービス」を必要とする大手企業は数多く存在している
●川下の情報から川上の情報へシフトすることにより、入手できた製作図面に仕入先メーカーが強く関心を示している	
●電子技術系の技術商社は後継者不足と技術承継問題を抱えている。当社はこの問題を解決できる可能性がある	●大手企業の研究所で同じ問題を抱えている
●流量校正設備を持っている会社は意外と少ない	●大手企業に口座を設けることができる。この口座をフッキングとして営業展開が考えられる

B社の研究所では、高度な分析機器や計測器を多数使用しているが、それら機器の選定や納入は外部業者に任せられていた。外部業者のサービスは品質や価格で差別化されておらず、顧客満足度も低かった。

　そういうことから、A社社長は自社の社員の属人的能力や人間性を生かして、顧客目線で「かゆいところに手が届くサービス」を提供できないかと考えたのである。

　社長はB社の担当者にヒアリングし、「お金を払うからもっとここまでしてほしいニーズ」は何かを探った。その結果、以下のようなニーズがあることが明らかになった。

- ●故障や不具合が発生したときに、迅速に対応してほしい。
- ●性能や精度を定期的に確認してほしい。
- ●機器に関する最新の情報や知識を提供してほしい。
- ●機器の購入や更新に関するアドバイスや提案をしてほしい。

　社長は、これらのニーズに応えることができるサービスメニューを作成した。このメニューが経営計画書の具体策として中期収支計画に反映されることになった。それは以下のようなものだった。

- ●故障や不具合が発生したときに、24時間以内に現地に駆けつけて対処するサービス。
- ●機器の性能や精度を定期的に検証するサービス。
- ●機器の使い方や操作方法を教える研修サービス。
- ●機器に関する最新の情報や知識を提供するニュースレターやセミナーなどの情報提供サービス。
- ●機器の購入や更新に関するアドバイスや提案をするコンサルティングサービス。

　社長がこれらのサービスメニューをB社に提案したところ、B社の担当者は、自社が必要とするサービスが揃っていたので、「ここまでしてくれると価格は関係なくなってくるな～」と言ってくれたそうである（250～251ページ参照）。

（5）クロス SWOT 分析　KSF「積極戦略」

❶技術商社として

　A 社は計測機器の納入商社として、従前から電子技術の提供を行ってきた。しかし、社内の技術者が高齢化して廃業の時期に差しかかっており、これは同業他社も同じ状況であった。B 社研究所での研究開発は高度な電子的技術をともなうものが多く、その技術は外部の業者に依存していたことから、電子技術者の高齢化と技術承継が大きな問題となっていた。

　そこで A 社社長は、B 社研究所との共通課題を解決するため、A 社に電子技術部門を新設し、単なる電子計測機器納入商社から技術商社へ転換できないかと考えた。

　この戦略実行のため新しい人材を確保し、B 社研究所の近くに新たな事務所を新設した。これについては下請業者の電子技術者と人材の承継に取り組んだが、そう簡単には進まず、1 年半に及ぶ試みは失敗に終わった。

　その後、計測器の校正サービス（定期的に計測機器の計測結果が正しいか第三者が証明する必要がある）を展開するため、校正設備の設計施工を進めるなかで、計測機器の大手メーカー・F 社から電子技術者を紹介された。その技術者に、A 社と B 社研究所が抱えている問題を話したところ、結果的にその技術者がその問題を解決できる人材であることがわかった。現在は、その技術者とともに研究所に関わる電子技術系の業務を推進し、期待以上の成果を達成している。

　今後の課題として、その技術者を A 社の電子部門の責任者としてリクルートするにあたり、受け入れ態勢の検討をしている。

　最近このような取り組みが評価され、本社直轄の大きなプロジェクトの受注に成功し、計測機器の納入業者という立ち位置から、研究所のプロジェクトパートナーとしての大きな信頼を得られるようになった。

　A 社が電子部門を持つことにより、今後 10 年以内に 10 億円近い追加売上を確保できる見込みである。

❷既存サービスの横展開

　次に、F 社の得意先に対し、F 社の付加サービスとして計測器の校正サービスを展開できないかと考えた。

クロス SWOT 分析　「機会」を深掘りする

No.	深掘りする質問	聞き出すヒント
1	B、C ランク客の具体的なニーズ	●めったに買いにお来ない客が求めるニーズ ●日ごろ購入する業者で買わず、少量・臨時の購入で自社に来た理由
2	予期せぬ成功・新たな可能性	●まさかそんな使い方をしているとは… ●そういうアイデアを顧客が持っているとは…想定していなかったニーズ
3	既存客・新規見込み客が使ううえでいら立っていること（困りごと）	●なぜそこまで時間がかかるのか、なぜそんなに高いのかの不満は何か ●どこも対応してくれないから仕方なく顧客が諦めていること
4	そこまで要求しないから、もっと低価格のニーズ（そぎ落としの低価格需要）	●必要な機能やスペックはここだけで、他はいらないと顧客が思っていること ●ムダな機能やスペック、過剰なサービスを減らしても顧客が喜ぶもの
5	おカネを払うから、もっとここまでしてほしいニーズ（高価格帯需要）	●顧客が困っていることに適応するなら高くても買う理由 ●こんな顧客ならこんな高スペックや高品質の商品を買うだろう
6	こんな商品あったら買いたい・こんな企画ならいけそうというニーズ	●このターゲット顧客が喜びそうな商品とは ●このターゲット顧客なら、こんなイベントや販促、企画、アフターサービスを求めるだろう
7	他社がやっている企画・商品で真似したいこと	●あの同業者のあの商品の類似品ならいけそうだ ●二番煎じでもいけそうな商品とターゲット顧客
8	知り合い（同業者・関係先・仕入先・コンサル・税理士等）から聞いた善意の提案	●顧客以外から聞いた新たな提案 ●新たな気づきの善意の提案は何があるか
9	その他、新しいビジネスモデルでの要望	●コロナ禍で生まれた新たなニーズ ●これからの顧客が求める商品サービスとは

表の上部ヘッダー: 機会（O）…これから求められる

ニッチ分野、顧客が費用を払うニーズ		
どんな顧客が （どんな特性の顧客が）	具体的に何があるか	なぜそう思うのか、何が原因か （具体的に）
●超大手企業の研究所という特殊な環境の部門	●仕事が縦割りで下請業者間の情報共有がない。それが弊害となって試作品が出来上がってから、不具合や規格に合致しない部分が表面化している	●制作図面の段階から当社が関わることで、すべての工程での問題点を事前に把握することができ、作り直し等のムダが削減できる
●測定機器の校正事業は対応業者が小規模な零細企業が多く、持続的に適正価格で対応できる業者が少ない	●ニッチマーケットだが継続的な受注が見込める	●技術系人材の高齢化と不足

校正サービスについてＦ社は、自社で展開することは考えていない。これはＦ社の社内基準に合致しないため、すべてを外注に出していた。したがって、市場でＦ社とバッティングすることはなく、Ｆ社にとっても、Ｆ社の欠けているサービスを補完してもらえるものなので、メリットのあることであった。そんなことから、この事業についてはＦ社の支援体制も取りつけることができた。

　計測器の校正サービスがＦ社の得意先ニーズとして存在していることは以前からわかっていたが、直接的なビジネスのほかに、この校正サービスの実現によって、大手メーカーの得意先企業に口座を開設することができるというメリットもあった。

　大手企業の口座は簡単に開設できるものではなく、通常はどこかの商社の口座を通しての取引から始まるのが一般的であり、長い実績を積み重ねて初めて開設できるものである。この口座を取引時点で直接開設できることは、Ａ社にとって大きなメリットである。

　この口座開設を契機として、ユーザーがＡ社の強みである人的サービスを一度でも経験してもらうと、「かゆいところに手が届く」という快適さを手放すことはないだろうと確信している。

　この戦略を実践するため、「強み」を実感してもらえるレベルに業務水準を引き上げることが重要である。とにかく口座の開設を通して、Ａ社のサービスを体験してもらうことが先決である。この戦略は、これから始まるものであり、現在のビジネスを数倍にできる可能性を秘めている。

　社長はこのビジネスモデルを横展開するには、以下の課題があるとした。

- ●人材の採用：社員の属人的能力や人間性が強みの大部分を占めているので、同じような人材を採用することが難しい。
- ●社員教育：社員に機器の知識や技術を身につけさせることが必要だが、それには時間やコストがかかる。
- ●信頼性の確保：校正サービスは、証明内容についての信頼性が最重要であり、それを担保する仕組みや体制を整えることが必要である。

　以上の戦略を見える化するために「戦略マップ」を作成し、項目ごとの関連性を念頭に因果関係を確認していった。こうして組み立てた積極戦略を整理すると、別表のとおりとなった（254〜255ページ参照）。

財務の視点	➡ 目標利益の達成
顧客の視点	➡ お困りごとの解決
業務プロセスの視点	➡ 積極人材の採用、優秀な人材のスカウト、ISO や JIS の取得
学習と成長の視点	➡ 研修プログラムの導入

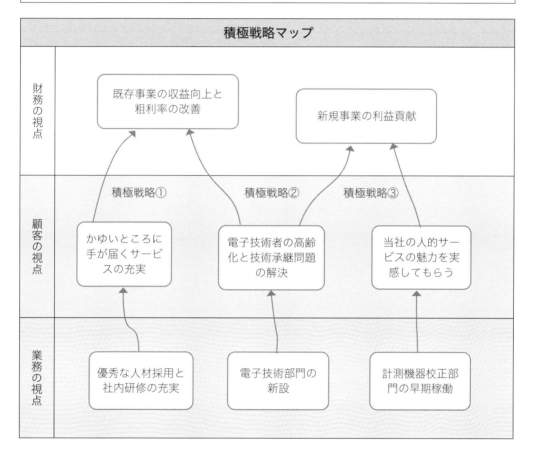

（6）具体策連動 中期収支計画

　戦略マップの積極戦略①と②により、既存市場であるB社研究所の売上と利益改善を目標とする。技術商社として研究所から事業部門へと進出することで、中期的な成長を目指す。

　しかし、この計画では長期的な成長性に限界があることから、第二段階として、計測器の校正事業を新規開拓のフッキングとして、他のメーカーへの横展開を計画した（256 ～ 259 ページ参照）。

クロス SWOT 分析（積極戦略ヒント付き）

		積極戦略		
積極戦略①	何を（商品商材）どうしたい（KSF）	顧客視点		
		ターゲット（顧客・チャネル）	今後の具体的なニーズ（買いたい理由）	求める具体的なサービス・付加価値・課題解決
	効率化、合理化の時代に、あえて不採算に見える人的サービスを強化する	●既存顧客	●問題を解決能力と他社にない濃厚な人間関係の構築により、「かゆいところに手が届くサービス」の提	●制作図面段階から関与することで、想定される不具合や想定される問題点の洗い出し
	組合せ	業務プロセス視点		
		マーケティング・販促戦略	製造・構築の仕方	成果を出す社内体制・組織・仕組み
	5-A、5-B	●当社人的サービスの要件定義と再現性の構築	●最優秀社員の仕事内容の分析と要件化	●他の社員に分担できる業務と、優秀な社員の専念業務の選別と分担体制の構築
積極戦略②	何を（商品商材）どうしたい（KSF）	顧客視点		
		ターゲット（顧客・チャネル）	今後の具体的なニーズ（買いたい理由）	求める具体的なサービス・付加価値・課題解決
	電子技術者の後継者不足の問題を解決する	●既存顧客の事業部門	●電子技術者による研究所部門をきっかけにした、事業部門への提案が採用される案件が増加している	●他社を含め電子技術者が高齢化し、新たな提案がほとんどできていない
	組合せ	業務プロセス視点		
		マーケティング・販促戦略	製造・構築の仕方	成果を出す社内体制・組織・仕組み
	5-C	●新設される電子部門の認知活動と、技術部門の人材強化	●技術部門責任者の社員化と若手社員の採用	●他の社員に分担できる業務と、電子技術者の専念業務の選別と分担体制の構築
積極戦略③	何を（商品商材）どうしたい（KSF）	顧客視点		
		ターゲット（顧客・チャネル）	今後の具体的なニーズ（買いたい理由）	求める具体的なサービス・付加価値・課題解決
	計測機器の校正事業の早期事業化と新規顧客への横展開	●F社（計測機器大手メーカー）販売先の大手企業	●F社の納入先に対するF社の付加価値サービスとしてニーズが存在する	●当該校正サービスがF社の付加価値に資するサービスであることはF社も認識しているので、当社の早期事業化が課題
	組合せ	業務プロセス視点		
		マーケティング・販促戦略	製造・構築の仕方	成果を出す社内体制・組織・仕組み
	6-D	●校正サービスのパンフレットを作成し、F社の営業社員に配布してもらう	●社員研修と勉強会の実施	●校正サービスの実務レベルの向上

（すぐに取り組む具体策）		
顧客視点 KPI 1	顧客視点 KPI 2	業績予測 （売上・個数・粗利率・粗利等）
●担当者との面談回数	●担当者からの相談件数	●1案件毎の平均単価 10％増と、利益率 5％増を目指す
業務プロセス視点 KPI 1	業務プロセス視点 KPI 2	原価・経費予測 （設備投資、原価、必要経費等）
●専念業務と分担可能業務の洗い出し件数	●営業社員の人時生産性	●人時生産性＝粗利益額÷勤務時間 ●営業社員の人時生産性目標＝ 15,000 円
顧客視点 KPI 1	顧客視点 KPI 2	業績予測 （売上・個数・粗利率・粗利等）
●電子技術部門の提案件数	●採択件数	●研究所部門の予算に比べ事業部門の予算は比較にならいくらい大きく、今後 10 年間で 10 億円の売上を目指す
業務プロセス視点 KPI 1	業務プロセス視点 KPI 2	原価・経費予測 （設備投資、原価、必要経費等）
●他社員に分担移転できた業務の件数	●電子技術部門責任者の研究者および事業部門担当者との面談件数	●技術部門社員の人時生産性目標＝ 15,000 円
顧客視点 KPI 1	顧客視点 KPI 2	業績予測 （売上・個数・粗利率・粗利等）
●校正サービスの受注件数	●大手企業の口座開設件数	●売上目標 　1 年目＝ 600 万円 　2 年目＝ 1,200 万円 　5 年目＝ 2,500 万円 ●口座開設件数 　1 年目＝　2 件 　2 年目＝　4 件 　5 年目＝ 10 件
業務プロセス視点 KPI 1	業務プロセス視点 KPI 2	原価・経費予測 （設備投資、原価、必要経費等）
●研修会実施回数		

クロス SWOT 分析の具体策連動 中期収支計画

科目	売上科目	商品または顧客	前年度実績	今期（64期）の予想	来期（65期）の予想	再来期（66期）の予想
売上	商社売上高	B社研究所	651,355	695,000	728,000	740,000
	電子部門売上高	B社事業部門	0	83,000	153,000	210,000
	計測機器校正売上高	F社校正売上	0	18,000	27,000	36,000
	その他売上高	B社以外	27,460	47,000	80,000	120,000
	売上合計		678,815	843,000	988,000	1,106,000
原価	原材料・仕入（売上原価）		542,966	665,900	775,000	867,000
	外注費					
	労務費					
	その他製造原価					
	原価計		542,966	667,000	775,000	867,000
売上総利益（粗利）合計			135,849	176,000	213,000	239,000
平均粗利率			20.0%	20.9%	21.6%	21.6%

（単位：千円）

戦略での概算数値（売上・原価・経費）整理	
クロス分析の戦略と具体策から捻出される売上概況・内容（新商材・新規チャネル等の売上増や既存商材の売上減等）	新たに増減する売上高
〈1〉 ●効率化、合理化の時代に、あえて不採算に見える人的サービスを強化する	●1案件毎の平均単価10%増と、利益率5％増を目指す
〈2〉 ●電子技術者の後継者不足の問題を解決する	●研究所部門の予算に比べ事業部門の予算は比較にならないくらい大きく、今後10年間で10億円の売上を目指す
〈3〉 ●計測機器の校正事業の早期事業化と新規顧客への横展開	●売上目標 1年目＝600万円 2年目＝1,200万円 5年目＝2,500万円 ●直口座開設件数 1年目＝2件 2年目＝4件 5年目＝10件
〈4〉	
〈5〉	
クロス分析の戦略と具体策に該当する仕入または粗利に関する概況・内容（新商材・新規チャネル等で発生する原価や仕入、既存商材の売上ダウンに伴う仕入減、または粗利率の変動も含む）	新たに増減する原価・仕入
〈1〉	
〈2〉	
〈3〉	
〈4〉	
〈5〉	

クロス SWOT 分析の具体策連動 中期収支計画　続き

科目	費目	前年度実績	今期（64期）の予想	来期（65期）の予想	再来期（66期）の予想
販売費および一般管理費	人件費（法定福利・福利厚生込）	77,454	83,000	89,000	94,000
	決算賞与	3,830	6,000	9,000	11,000
	保険料	5,102	5,100	5,100	5,100
	広告宣伝費	1,160	1,200	1,500	1,800
	旅費交通費	5,676	5,800	6,200	7,000
	車両費	2,762	3,000	3,200	3,500
	接待交際費	8,005	6,000	6,000	7,000
	地代家賃	3,215	3,200	3,500	3,500
	リース料	314	350	450	500
	通信費	1,744	1,800	1,900	2,000
	租税公課	162	165	300	500
	修繕費	455	500	500	500
	事務用品費	323	350	350	400
	雑費	9,048	9,000	9,000	9,000
	その他経費	7,111	8,200	9,000	9,500
	販管費合計	126,361	133,665	145,000	155,300
	営業利益	9,488	42,335	68,000	83,700
営業外	営業外支出	1,110	1,200	1,200	1,200
	営業外収益	2,068	2,000	2,000	2,000
	経常利益	10,446	43,135	68,800	84,500

（単位：千円）

クロス分析の戦略と具体策に該当する経費支出・削減の科目と金額に関する科目と概況と内容（新対策で新たに発生する経費も含む）		新たに増減する経費
〈1〉	●効率化、合理化の時代に、あえて不採算に見える人的サービスを強化する	●人時生産性＝粗利益額÷勤務時間 ●営業社員の人時生産性目標＝15,000円
〈2〉	●電子技術者の後継者不足の問題を解決する	●技術部門社員の人時生産性目標＝15,000円
〈3〉	●計測機器の校正事業の早期事業化と新規顧客への横展開	
〈4〉		
〈5〉		
〈6〉		

（7）KPI 監査モニタリング

　社長は、これらの具体策を実行するために、以下の重要業績評価指標（KPI）を設定した。主としてクロス SWOT 分析の積極戦略での「顧客の視点」と「業務プロセスの視点」から導き出された内容になっている。

財務の視点	●目標利益の達成：人時生産性の指標
顧客の視点	●顧客満足度：顧客からの相談件数と提案件数などの指標 ●顧客ロイヤリティ：同じ担当者からのリピート率や紹介率などの指標 ●顧客拡大：新規契約数や契約金額などの指標
業務プロセスの視点	●サービス品質：故障率や不具合率などの指標 ●サービス速度：対応時間や納期などの指標 ●サービス価値：相談からの回答時間の指標

　社長は、A 社が提供するサービスメニューに関連する KPI を定義し、それらの数値をシートに記入し、このシートを経営会議で発表した。

　経営会議に出席した幹部たちは、社長が作成したシンプル BSC/KPI 監査の事業計画書モニタリングシートを見て、最初はこのシートが何を意味しているのかわからない様子だったが、社長がこのシートの意味を一つひとつわかりやすく説明し、解説していった。

　すると、幹部たちの表情に変化が見られた。なぜなら、そのシートには、自社のサービスが顧客にどれだけ有用な価値を提供できているかが明確に示されていたからである。幹部は、自社のサービスが顧客満足度や顧客ロイヤリティなどの指標で高い評価を得ていることや、新規注文数や契約金額などの指標で売上が伸びていることを実感した。

　そして、最終目標として、「財務の視点」の指標である「目標利益を達成するため、人時生産性を上げていく」ことの重要性を再認識した。人時生産性を上げることで目標利益が達成でき、経営理念が達成されるという一連のつながりを理解したのである。

　社長は、シンプル BSC/KPI 監査事業計画書モニタリングシートを作成した後も、定期的に KPI の計測や評価を行うとともに、KPI の数値が目標値に達して

いるかどうかをチェックし、達していない場合は原因分析や改善策の立案を行った。このシンプルBSCでモニタリングすることで、戦略の効果を実感することができた（262～263ページ参照）。

（8）KSF～KPI～アクションプランの流れとKPI監査後の変化

社長はシンプルBSC/KPI監査事業計画書の指導を受けた後、次のような効果があると確信した（264～265ページ参照）。

---

❶最大の効果は、3年先5年先の成長のための戦略がはっきり定まったこと。

❷KPIの数値が目標値に達しているかどうかを定期的に確認することで、目標達成への意識やモチベーションが高まった。

❸KPIの数値が目標値に達していない場合は、原因分析や改善策を実施することで、業務プロセスやサービス品質の改善が進んだ。

❹財務の数値（損益計算書等）を待たなくとも、会社の状態をより早く把握できるようになった。

- 3年前　　　➡ 損益計算書により業績を確認　　　➡ 2か月遅れ
- BSC導入前 ➡ 注文数により業績を把握　　　　　➡ 1か月遅れ
　　　　　　　　（売上は把握できるが原価が把握できない）
- BSC導入後 ➡ KPIによる行動管理により先行管理が可能（KPIによる目標管理により早期の軌道修正が可能となった）

❺経営会議でKPIの数値や改善策を発表することで、経営者や幹部との情報共有や連携が強化された。

❻シンプルBSCの結果に基づき、顧客にも改善策を報告することで、顧客との信頼関係や満足度が向上した。

社長が目標とする当社の成長とは、売上を10億、20億と伸ばすのではなく、1円でも多くの利益を確保し、業界水準を20％以上高い給料を支払っても十分な利益が確保できる会社を目指すことである。

社長は、経営者としてこの会社をどんな会社にしたいのかと自問自答し、「会社はそこで働く社員を幸せにすること。その家族を幸せにすること」との答えにたどり着いた。

KPI 監査モニタリングシート

実施項目 (何をどうする)	視点	KPI内容	担当者	4-5月			6-7月		
				計画	実績	対策	計画	実績	対策
●効率化、合理化の時代に、あえて不採算に見える人的サービスを強化する	顧客視点	●担当者との面談回数	小田	10	2	加工図面をもとに担当者のお困りごとの聞き取りをし、面談回数につなげる	10	3	電子技術者の同行訪問の実施
		●担当者からの相談件数	小田	2	0	お困りごとの聞き取りを早期に実施し、事前検討の実施	2	2	技術的相談が相当多い
	業務プロセス視点	●専念業務と分担可能業務の洗い出し件数	中谷	20	6	業務の分類が困難	20	8	業務実態の把握
		●営業社員の人時生産性	中谷	15,000	10,200	時間の削減計画策定	15,000	10,900	時間の削減計画再検討
●電子技術者の後継者不足の問題を解決する	顧客視点	●電子技術部門の提案件数	上田	15	3	提案可能案件の洗い出し	15	6	提案可能案件の検討
		●採択件数	上田	5	0	提案内容の検討会開催	5	1	提案内容の検討会開催
	業務プロセス視点	●他社員に分担移転できた業務の件数	田上	20	5	分担可能業務の洗い出し	20	7	分担可能業務の切り分け
		●電子技術部門責任者の研究者および事業部門担当者との面談件数	田上	10	2	提案内容の検討会開催	10	5	提案内容の検討会開催
●計測機器の校正事業の早期事業化と新規顧客への横展開	顧客視点	●校正サービスの受注件数)	斉藤	50	5	広告チラシ作成	50	8	広告チラシ配布
		●大手企業の直口座開設件数	斉藤	3	0	対象企業のリストアップ	3	0	開設依頼
	業務プロセス視点	●研修会実施回数	中西	2	1	研修日程の調整	2	2	研修会の確実な実施

2023 年度											
8-9 月			10-11 月			12-1 月			2-3 月		
計画	実績	対策	計画	実績	対策	計画	実績	対策	計画	実績	対策
10	5	電子技術者の同行訪問の実施	10	8	電子技術者の同行訪問の実施						
3	3	相談ごとの早期解答	4	3	相談ごとの早期解答						
20	11	担当者でなければならない業務の選定	20	14	他社に担当してもらえる業務の分離						
15,000	11,200	時間の削減計画再検討	15,000	11,800	分離業務の担当者決定						
15	8	提案可能案件の実施	15	7	提案可能案件の実施						
5	2	提案内容の検討会開催	5	2	提案内容の検討会開催						
20	13	分担可能業務の担当者決定	20	16	分担可能業務の担当替え						
10	4	提案内容の検討会開催	10	8	提案内容の検討会開催						
50	15	同行訪問の実施	50	21	同行訪問の実施						
3	1	クロージング	3	2	クロージング						
2	2	研修会の確実な実施	2	2	研修会の確実な実施						

KSF ➡ KPI ➡ アクションプラン

実施項目 (何をどうする)	視点	KPI 内容	計画と結果対策	4-5 月	6-7 月
●効率化、合理化の時代に、あえて不採算に見える人的サービスを強化する	顧客視点	担当者との面談回数	計画	加工図面をもとに担当者のお困りごとの聞き取りをし、面談回数につなげる	電子技術者の同行訪問の実施
			結果対策	時間的余裕がないと担当者との面談時間がとれない	技術的相談に答えることができる担当者を同行させる
		担当者からの相談件数	計画	お困りごとの聞き取りを早期に実施し、事前検討の実施	技術的相談が相当多い
			結果対策	時間的余裕をもって訪問する	営業担当者も技術的知識の習得に努める
	業務プロセス視点	専念業務と分担可能業務の洗い出し件数	計画	業務の分類が困難	業務実態の把握
			結果対策	各人の業務の棚卸の実施	検討会の開催
		営業社員の人時生産性	計画	時間の削減計画策定	時間の削減計画再検討
			結果対策	各人の業務の棚卸の実施	検討会の開催
●電子技術者の後継者不足の問題を解決する	顧客視点	電子技術部門の提案件数	計画	提案可能案件の洗い出し	提案可能案件の検討
			結果対策	時間的余裕をもって訪問する	検討会の開催
		採択件数	計画	提案内容の検討会開催	提案内容の検討会開催
			結果対策	各人の業務の棚卸の実施	検討会の開催
	業務プロセス視点	他社員に分担移転できた業務の件数	計画	分担可能業務の洗い出し	分担可能業務の切り分け
			結果対策	各人の業務の棚卸の実施	検討会の開催
		電子技術部門責任者の研究者および事業部門担当者との面談件数	計画	提案内容の検討会開催	提案内容の検討会開催
			結果対策	各人の業務の棚卸の実施	検討会の開催
●計測機器の校正事業の早期事業化と新規顧客への横展開	顧客視点	電子技術部門の提案件数	計画	広告チラシ作成	広告チラシ配布
			結果対策	発注業者選定	Ｆ社へ配布依頼
		採択件数	計画	対象企業のリストアップ	開設依頼
			結果対策	可能性の高い企業リスト作成	担当者による直接依頼
	業務プロセス視点	他社員に分担移転できた業務の件数	計画	研修日程の調整	研修会の確実な実施
			結果対策	スケジュール調整	スケジュール調整

2023 年			
8-9 月	10-11 月	12-1 月	2-3 月
電子技術者の同行訪問の実施	電子技術者の同行訪問の実施		
技術担当者の後継者候補の選定	後継者候補の同行実施		
相談ごとの早期解答	相談ごとの早期解答		
3日以内の回答の実施	3日以内の回答の実施		
担当者でなければならない業務の選定	他社に担当してもらえる業務の分離		
検討会の開催	業務の分担計画策定		
時間の削減計画再検討	分離業務の担当者決定		
検討会の開催	業務の分担計画策定		
提案可能案件の実施	提案可能案件の実施		
3日以内の回答の実施	3日以内の回答の実施		
提案内容の検討会開催	提案内容の検討会開催		
検討会の開催	業務の分担計画策定		
分担可能業務の担当者決定	分担可能業務の担当替え		
検討会の開催	業務の分担計画策定		
提案内容の検討会開催	提案内容の検討会開催		
検討会の開催	業務の分担計画策定		
同行訪問の実施	同行訪問の実施		
同行訪問による依頼	同行訪問による依頼		
クロージング	クロージング		
担当者による直接依頼	担当者による直接依頼		
研修会の確実な実施	研修会の確実な実施		
スケジュール調整	スケジュール調整		

memo

Chapter 10

SWOT分析&シンプルBSC を活用した 経営計画とKPI監査

《事例5 石油販売》

執筆：若山恵佐雄

事例5　石油販売

《事例企業の概況》

　WG石油株式会社（以下「同社」）は、ガソリンスタンドとして創業し、70年を超える歴史を有する会社であり、現在の経営者は4代目である。

　創業から間もなく、家庭用ガスの供給、灯油配達を開始し、施設（旅館、ホテル、介護関連施設等）への供給、需要の多い事業所（建設関連、観光施設）へと販売先の拡大を図ってきた。従業員は35名であり、地域の信頼は厚い。

　本店所在地は、人口5,400人、2,600世帯のMH地区にあり、地域住民の暮らしを支えるエネルギーを提供する役割を担ってきた。

　創業から20年後、隣接するNN地区（人口1万4,000人、世帯数6,500）に2店舗目となる給油所を開設、自動車の整備やクリーニングなどのサービスを開始している。

　MH地区は国定公園が近くにあり、乗用車で往来する観光客が多い。顧客数の増加により、売上は順調に推移し、創業10年目で法人組織へ変更。その後、家庭用器具の販売、水回り関係を中心とする設備工事を開始するなど、事業領域を拡大している。現在の売上構成は給油所52%、その他48%であり、年々給油所以外の売上構成が高くなっている。

　ガソリンスタンドの業界は、主軸となるガソリンや軽油販売のほか、周辺事業として自動車の整備や清掃などを手掛けるところが多い。また、暖房に使われる灯油の販売も行っている。

　ガソリンスタンドの運営は「乙種4種危険物取扱者」の資格が必要。JX日鉱日石エネルギーや昭和シェル、出光など石油元売りを主力とする企業ほか、オートバックスやホームセンター、農協などの業者や個人経営店も多く存在する。

　従来型のガソリンスタンドでは、原油価格が高騰すると、商圏内の競合社との価格競争に加えて、人件費などのコストが重石になって、採算がとれず

廃業するケースが続いている。そのため、この数年はコストを少しでも抑えようと、1998年の消防法改正による規制緩和以降、セルフ型のガソリンスタンドが台頭してきている。

　同社は「地域に住む人たちの生活を支える」ことを信条に、給油所以外のエネルギー供給等を事業領域に加えており、コロナ禍で売上低下した年度があったものの、直近5年間で安定した売上をキープしている。

　しかし、エネルギーや環境の変化に対する影響が大きく、事業領域の再構築を考える必要に迫られている。これまでの事業を守るだけでなく、成長が見込まれ、事業継続と雇用の維持を図ることができる、収益性の高い事業にシフトすることを考えなければならない時期になっている。

《シンプルBSC・KPI監査に取り組む理由》

　ガソリンスタンド業界はエネルギーの変化や環境問題により、新たな課題や機会が出てきている。具体的には以下のことが挙げられる。

●電気自動車（EV）の充電インフラの導入	電気自動車の普及が進む中、充電インフラの整備が重要。
●再生可能エネルギーの導入	太陽光発電や風力発電などの再生可能エネルギーを検討し、エネルギー供給の多様化とコスト削減。
●モビリティ関連サービスの提供	車両のメンテナンスや洗車、カーシェアリング、廃車サービスなど、モビリティに関連するサービスを提供することで収益を拡大。
●燃料以外の商品提供	コンビニのような機能を提供することにより収益拡大を図る。
●水素ステーションの設置	水素燃料電池車の需要増を狙い、水素ステーション設置。
●デジタル化と顧客体験の向上	デジタル技術を活用して、顧客との接点を増やし、より便利なサービスを提供することで顧客ロイヤリティを向上させる。

　上記は新たな市場で競争力を保つためのアイデアであり、その実行には市場調査、資金計画、戦略の評価等の検討が必要である。同社は、その取り組みを始めるための準備を進めている状況であった。

《シンプルBSC・KPI監査計画書作成依頼の経緯》

　WG石油の社長は中小企業経営者が加盟、会員が運営する任意団体に加入している。毎年「経営方針書」を作成。金融機関や取引先を招き「経営方針発表会」を実施。経営方針書には、部門別月次計画があり、数値目標が明示されている。

　また、行動計画がすべてカレンダーで示され、スケジュールどおりの行動が習慣になっている。部門ごとの会議を定期的に実施し、毎月25日前後「経営戦略会議（幹部と一緒に毎月振り返りと情報共有）」を開催している。

　さらに、社員の成長によって業績向上を図る「成長支援制度」を導入し、「経営の仕組み」が体系化されている。

　これまでの経営を振り返ってみると、他部門との情報共有は可能となったが、戦略実行と業績向上が結果としてつながっていない。加えて、エネルギー・環境変化の動きに対応するため、顧客視点で、中長期のビジョンを考えると、戦略的な対応が決まらず不安を抱えていた。

　それまでは、戦略実行と情報共有のツールがあれば「目標達成」は加速するはずと考えてきた。だが、それをやっても業績がよくなるわけではなかった。振り返ってみると、経営指針を戦略と考え、戦略策定を飛ばして「実行」のみに集中していたことが課題と気づく。

　上記の理由から、経営指針書に記載してあることをすべて戦略として実行しても目標達成できるとは限らない。戦略をシンプルに絞り込む必要があると気づいた。例えば、給油所部門の顧客の視点を見ると、戦略目標とKPIが以下のようになっていた。

- ●戦略目標：顧客の拡大
- ● KPI定義：CL収益増強
- ●定義：カーライフ収益を上げ粗利向上に貢献する
  ※燃料以外の売上を「CL収益」と呼んでいる。

　改めて定義を確認してわかったが、「誰に」「何を」売ってCL収益を上げるのかが具体的になっていない。「CL収益増強」のKPI＝売上金額…これでは「誰に」「何を」売ってゴールを目指すのか、会議で話し合っても次の行動にはつながらないということに気づいた。KPIに課題があると考えていたが、「戦略策定」の段階で「誰に」「何を」売ってCL収益を拡大するのか

の定義がない。

　そこで、経営指針書を基本に、戦略をシンプルに絞り込むことから始め、業績につながる KPI を設定する必要があると考え、「シンプル BSC と KPI 監査」を導入することになったわけである。

（1）現状把握（変動損益の実績と課題）

　「現状把握」とは、現状の姿を客観的かつ定量的に認識すること。同社は、税務会計を会計事務所に依頼している。これまでの財務状況を見て、「ありたい姿」に対して、どのような課題があるのかを整理し、重点的に取り組むべきことを絞り込んでいなかった。

　シンプル BSC・KPI 監査のテンプレートによって、改めて「現状把握」をし、直前期から 5 期前までの変動損益計算書を確認（記載事例は 3 期分）、その結果、社長と財務的な課題を共有することができた。

❶過去の決算にもとづく収支・財務状況

　コロナ禍による需要減少で、3 期前は売上が大幅に低下しているが、直前期と 5 期前の売上対比は 99.4％であり、堅調に推移しているように見える。「現状把握」のテンプレートで作成したデータをもとに検証した結果は以下のとおり。

直前期の損益状況

（単位：千円）

売上高 1,169,000	限界利益（粗利）242,600	変動費 926,400	
		固定費（営業外損益含む）238,310	人件費 124,000
			減価償却費 18,000
			その他 96,310
		経常利益（税引前）4,290	法人税等 0
			税引後利益 4,290

生み出した資金 22,290

直前期の資金状況

当期営業から生み出した資金	22,290	
運転資本増減にともなう資金	−2,700	
その他		← CF 計算書より
設備投資（売却分はプラス）		← CF 計算書より
その他		← CF 計算書より
返済原資（フリー CF）	19,590	
＋）借入金増加	27,000	← CF 計算書より
−）借入金返済	60,000	← CF 計算書より
その他	−3,190	← CF 計算書より
当期資金増減	−16,600	
前期末資金残高	85,000	
当期末資金残	68,400	

変動損益計算書（5期分）

（単位：千円）

科目		5期前	4期前	3期前	2期前	直前期
		2018年度	2019年度	2020年度	2021年度	2022年度
売上	売上高			1,000,000	1,200,000	1,160,000
	その他売上			8,400	8,900	9,000
	売上高合計			1,008,400	1,208,900	1,169,000
変動費	期首棚卸高			19,500	25,000	31,500
	仕入高			738,000	950,000	916,000
	期末棚卸高			−25,000	−31,500	−31,100
	支払手数料			13,800	12,000	10,000
	変動費合計			746,300	955,500	926,400
限界利益（粗利）				262,100	253,400	242,600
平均限界利益率（粗利率）				26.0%	21.0%	20.8%
固定費	人件費			119,700	120,000	124,000
	減価償却費			13,000	13,000	18,000
	その他固定費			101,300	108,650	101,210
	固定費合計			234,000	241,650	243,210
営業利益				28,100	11,750	−610
営業外	営業外費用			3,500	3,200	3,000
	営業外収益			5,100	3,850	7,900
経常利益				29,700	12,400	4,290
営業利益率				2.8%	1.0%	−0.1%

運転資本の増減（3期分）　　　　　　　　　　　　　　　　　　　　　　　　　　（単位：千円）

科目		5 期前	4 期前	3 期前	2 期前	直前期
		2018年度	2019年度	2020年度	2021年度	2022年度
現金預金				69,000	85,000	68,400
売上債権	受取手形			3,300	6,300	2,800
	売掛金			106,000	132,700	118,200
	売上債権合計			109,300	139,000	121,000
棚卸資産	商品			25,000	31,500	31,000
	棚卸資産合計			25,000	31,500	31,000
買入債務	支払手形			24,000	17,500	17,300
	買掛金			67,500	94,000	73,000
	買入債務合計			91,500	111,500	90,300

❷全体の推移

同社の業績推移を見ると、以下のような傾向になっている。

	2019年3月	2020年3月	2021年3月	2022年3月	2023年3月
給油所売上	54.0%	51.9%	50.3%	50.8%	51.8%
その他部門売上	46.0%	48.1%	49.7%	49.2%	48.2%
給油所粗利率	13.0%	15.3%	15.0%	12.0%	12.4%
全社粗利率	21.6%	23.0%	26.1%	21.0%	21.7%

● 3期前はコロナ禍による需要減少で給油所部門が対前年比84.6%と落ち込んでいるが、直前期と直前前期は原油価格高騰による値上げで売上高は回復している。

● コロナ禍前と比較し、給油所部門の売上構成比が低下。他部門の売上構成比

が高くなっている。
● 粗利については、コロナ禍前と比較し給油所部門が0.6％減少しているにもかかわらず、全社粗利益率が0.1％であるが増加。給油所以外の部門が堅調な推移を示した結果になっている。
● 固定費は直前期と3期前の対比で約4％アップ、人件費が増加している。
● 3期前の営業利益率2.8％、今期は2.9％減少し、－0.1％となった。

❸部門別の推移

コロナ禍前の2019年3月と現在（2023年3月）の実績を比較すると以下のようになっている。

■部門別粗利貢献率

(単位：千円)

	2023年3月実績				
	売上高	構成比	粗利益	粗利益率	粗利貢献率
給油所1	167,300	14.3%	21,400	12.8%	1.8%
給油所2	438,000	37.5%	53,000	12.1%	4.5%
他部門1	303,000	25.9%	47,000	15.5%	4.0%
他部門2	177,000	15.1%	82,000	46.3%	7.0%
他部門3	67,000	5.7%	28,500	42.5%	2.4%
他部門4	16,700	1.4%	10,700	64.1%	0.9%
合計	1,169,000	100.0%	242,600	20.8%	20.8%

■部門別粗利増加額

(単位：千円)

	2019年3月		2023年3月		粗利益増加額
	売上高	構成比	売上高	粗利益	
給油所1	195,000	18,000	167,300	21,400	3,400
給油所2	440,000	64,000	438,000	53,000	−11,000
他部門1	275,000	38,000	303,000	47,000	9,000
他部門2	177,800	80,000	177,000	82,000	2,000
他部門3	77,000	36,000	67,000	28,500	−7,500
他部門4	13,400	6,700	16,700	10,700	4,000
合計	1,178,200	242,700	1,169,000	242,600	−100

●粗利益貢献率が給油所部門6.3％（給油所1＝1.8％＋給油所2＝4.5％）、他部門が14.5％（合計20.8％－6.3％）となっている。

●部門別の粗利増加額を見ると給油所部門－7,600千円、他部門7,500千円。

●コロナ禍前の給油所売上635,000千円。コロナ禍後605,300千円と4.7％減少している。

●コロナ禍前のその他部門売上543,200千円、コロナ禍後563,700千円と10.4％増加している。

　上記の分析によって、コロナ禍前（2019年3月期）とコロナ禍後（2023年3月）を比較してみると、その他部門の業績貢献度が高くなっていることが歴然とわかる。

（2）必要利益確保の背景と差額目標

　直前期の自己資本比率は30.00％で安全圏にあるが、債務償還年数（「借入金の残高－運転資金」÷「税引前利益＋減価償却費」）が税引前利益の減少により、コロナ禍前は10年以内だったのがコロナ禍後は悪化している。

　金融機関との取引を正常に戻すため、営業利益率は当面1.0％を確保したい。シンプルBSCのテンプレート「必要売上・利益」は、売上は粗利率の低い給油所部門5,542千円減、粗利率の高い販売課と設備部門17,232千円増で、固定費は1％削減を目標とした（計画段階では給油所部門現状維持か微減、他部門の売上増加で粗利益確保）。

	現状		計画	
	金額	構成比	金額	構成比
売上高	1,169,000	100%	1,180,690	100%
給油所	605,542	51.8%	600,000	50.8%
他部門	563,458	48.2%	580,690	49.2%
粗利益	242,600	20.8%	254,290	21.5%
給油所	73,000	12.1%	72,600	12.1%
他部門	169,600	30.1%	181,690	31.3%

※粗利貢献率 ＝ 売上構成比 × 粗利益率

給油所	6.3%		12.1%	0.2% ダウン
他部門	14.5%		15.4%	0.9% アップ

　差額売上11,690千円に対し、差額粗利11,690千円と矛盾しているように感じるが、粗利貢献率の高い他部門の売上を伸ばし、粗利貢献率の低い給油所部門の売上は減少してよいと考えた。

❶販売課および設備部門の売上増加策

　同社は、給油所の顧客が主体であり一般客も多いが、扱う商品等に好意的で「信頼」「愛着」「共感」してくれている顧客（ロイヤル顧客）が多くいる。給油所部門の法人顧客に販売課が扱うガス電気器具の販売先があり、設備部門は水道工事が主体で建築・設備関係の法人顧客からの紹介が多い。

　収益率を上げるため、直接営業比率を高めようとしているが、給油所を利用している建設・設備関係の事業者もいるはずであり、「各部門のロイヤル顧客」を特定し、他部門につながる商品やサービスの取引を推奨し、各部門に共通する顧客のインナーシェアを高める取り組みをする。

❷固定費削減

　1%の固定費削減目標は金額にすると2,500千円であり。販売課および設備部門の強化を図り、GS部門の維持を前提として、「攻める」「守る」を基準に各科目の経費を見直す。

❸10年ビジョンに関して

　同社は事業領域を創業から一貫して「暮らしのエネルギーを支える」ことに重点を置いてきた。

　今後、暮らしを取り巻くエネルギー環境の変化に対応するため、社長と一緒に外部環境の変化を前提に、「時間×リスク」を軸に話し合い、専門家としてアドバイスするのではなく、伴走支援により事業領域の再定義をすることをすすめている。

必要売上・利益 および差額金額の把握

直前期のデータをもとに、可能性のある3つのパターンでシミュレーションを行う（返済原資は決まっているが、売上、変動費、固定費が変化することで、どこに注力すべきか経営者に意識してもらう）。
最終的には、「現状の売上・粗利」と「必要売上・粗利」との差額を確定し、経営計画用の売上・粗利を決める。

（単位：千円）

		リスクシナリオ（破局のシナリオ）	返済・成長投資可能目標
売上高増減		1%	1%
変動費増減		0%	0%
固定費増減		0%	−1%
現状（直前期）		⬇	⬇
売上高	1,169,000	1,180,690	1,180,690
変動費	926,400	926,400	926,400
固定費	243,210	243,210	240,778
営業外損益	4,900	4,900	4,900
税引前利益（a）	4,290	15,980	18,412
減価償却費 （b）	18,000	18,000	18,000
運転資本増減 （c）	−2,700	−2,700	−2,700
設備投資			
その他			
返済原資	19,590	31,280	33,712

返済・成長投資可能目標 （a）+（b）−（c）

	現状	必要額	差額
売上高	1,169,000	1,180,690	11,690
変動費	926,400	926,400	0
粗利（限界利益）	242,600	254,290	11,690
固定費	243,210	240,778	−2,432
税引前利益	4,290	18,412	14,122

必要額 − 現状

（単位：千円）

売上高改善案	変動費改善案	固定費改善案
2%	0%	0%
0%	−1%	0%
0%	0%	−1%
⬇	⬇	⬇
1,192,380	1,169,000	1,169,000
926,400	921,768	926,400
243,210	243,210	240,778
4,900	4,900	4,900
27,670	8,922	6,722
18,000	18,000	18,000
−2,700	−2,700	−2,700
42,970	24,222	22,022

経営計画用
差額売上高
11,690

経営計画用
差額粗利
11,690

(3) クロス SWOT 分析「強み分析」

シンプル BSC のテンプレートであるクロス SWOT 分析の「強み分析」は、282 〜 283 ページの内容になった。

> ● 差額の売上と利益を上げるための商材を捻出
> ● 差額対策自体も SWOT 分析で捻出
> ●「積極戦略」を商品、顧客、価格のヒントから捻出する

上記の視点で考えることにより、シンプルに絞り込んだ戦略を KSF ➡ KPI ➡ アクションプランと進み、BSC の戦略マップで実現可能性を検証することが可能となる。同社の場合は、経営指針書で方針を「実行」可能なアクションプランまで表現しているが、アクションプランを KPI と考えれば、当たり外れがあったとき、検証できる仕組みになっていない。そのことに気づき、以下のような取り組みとした。

❶「強み分析」と「ロイヤル顧客」特定

クロス SWOT 分析実施にあたり、「強み」とは顧客がわが社を選んでくれる理由であり、「競合他社と比較し、同社の強みと言えることを分析することが目的ではない！」を意識して考えた。

（2）必要利益確保の背景と差額目標で述べたように、「ロイヤル顧客」の特定から入った。そこで、社長と管理部門の責任者、各部門の幹部 8 名と「ロイヤル顧客」の特定をテーマにワークショップを開催した。

次ページの図は、そのとき話し合いに使ったフレームワークである。縦軸は好感度（高い・低い）、横軸は売上 or リピート回数（多い・少ない）と簡単にし、各部門のロイヤル顧客を特定し、他部門とのつながりを検証した。

結果は、事業所（法人・個人）関係の顧客が他部門とつながりがあることがわかり、全社で「ロイヤル顧客」を定義づけする取り組みが始まった。

「強み」分析をする原点をシンプルに絞り込むことはできたが、一気に次のステップに進んでも納得感が得られない。そこで、当面の対応策として、戦略マップを作成して KPI 候補を挙げ、モニタリングしながら各部門の責任者にヒアリ

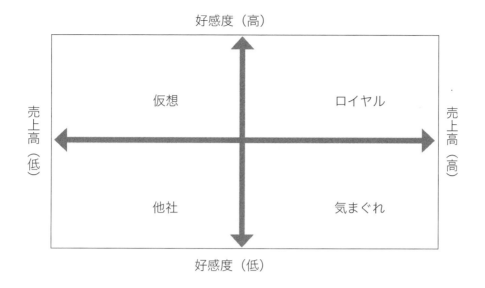

ングしたうえで強み分析をすることにした。

　今後は、「強み分析」をする2度目のワークショップを予定している。

❷「強み分析」をしているときの幹部

　各部門の幹部は、「現場の顧客」を考え、「ロイヤル顧客」特定について議論し、話し合いの内容は深まった。また、「気まぐれ顧客」「仮想顧客」を考え、売上と利益につながる KSF や KPI を特定できそうな雰囲気になった。

　暮らしサポート部門（他部門1と他部門2を統合した「部門」）責任者から「会社としてのロイヤル顧客を定義すべきではないかという意見が出たのは大きな成果だった」と、セグメンテーションについて理解が得られた。

クロス SWOT 分析　「強み」をどう活かすか

会社名・部門名	WG 石油株式会社 (給油所部門 1 ～ 2・その他部門 1 ～ 4)	差額売上	給油所部門 ± ゼロ、 他部門 25,000 千円
実施日・SWOT 分析参加者	令和 5 年 3 月：社長・総務部長・各部門責任者 (計 8 名)	差額利益	12,000 千円

		強み（内部要因）と
	カテゴリー	ヒント
A	既存顧客、既存チャネルの強み	●顧客台帳・リスト数・DM 先数・アポが取れる客数 ●常連客、A 客の数、ロイヤルカスタマーになった理由 ●有力な顧客先となぜその顧客が生まれたかの要因
B	既存商品、既存仕入先、取引業者の強み	●この取扱商品を持っていることでのプラスの影響 ●この仕入先、外注先、取引先を持っていることでのプラスの影響 ●この販売エリア、マーケティングチャネルを持っていることのプラスの影響
C	技術、人材、知識、ノウハウ、経験の強み	●技術、ノウハウの具体的な「強み」で顧客から評価されている事項 ●顧客が評価する技術や知識、経験を持った人材の内容 ●顧客が評価する社内の仕組み、システム、サービス
D	設備、機能、資産の強み	●他社に優位性を発揮している生産設備、什器備品、不動産 ●顧客が認める組織機能（メンテ、営業サポート、物流など）
E	外部から見て「お金を出してでも手に入れたい」と思われること	●もし M&A されるとしたら、買う側はどこに魅力を感じるか ●買う側が魅力に感じる顧客資産とは
F	外部から見て「提携」「コラボ」「相乗り」したいと思われること	●協業を求める外部資本が魅力を感じる顧客資産・商材資産、組織機能資産

課題整理1	セグメンテーションにもとづく提案
課題整理2	購入履歴の活用
課題整理3	

活かせる分野

ヒントの答え	横展開の可能性
●顧客台帳の一元管理がされていない ●有力な得意先となった理由や維持するための関係性が必要	●優良顧客の定義を明確にする ●優良顧客の購買動向分析 ●顧客のためになる「価値」を提供
●給油所2か所（ガソリン販売、車の修理、整備、レンタカー等） ●灯油、LPガスの配送、ガス器具の販売、水道工事 ●セルフCSは「スタッフの対応がいい」という顧客評価	●CL収益UP ●油外商品の販売強化 ●設備工事等の収益確保
●有力な得意先となった理由や維持するための関係性が必要 ●顔の見える営業、困ったときに「あの人なら」と思い浮かぶ存在 ●お客様が困ったときに修理対応できる人材がいる ●技術（資格）がある	●購入履歴の把握
●MH地区では圧倒的なシェア	
●MH地区の顧客名簿	

(4) クロス SWOT 分析「機会分析」

❶「機会分析」の取組み

機会（O）…これから求められるニッチ分野、顧客が費用を払うニーズの分析については、分析シートの No.1 に上がっている「BC ランク客の具体的なニーズ」を考えてもらった。

「気まぐれ顧客」「仮想顧客」を「ロイヤル顧客」にするための施策として、どんなことがあるかを考える切り口を提案。粗利アップのために、どの顧客にどのようなアプローチをすべきかについて分析シートに書き出してもらった（286 〜 287 ページ参照）。

❷「機会分析」の項目の中で印象に残ったこと

「強み分析」で「気まぐれ顧客」「仮想顧客」が想定できたことにより、その横展開の可能性を「機会分析」のシート No.1「B、C ランク客の具体的なニーズ」にあてはめることができ、分析シートの合理性を確認できた。

(5) クロス SWOT 分析　KSF「積極戦略」

❶「強み」×「機会」により戦略マップはできたのか？

クロス SWOT 分析（積極戦略ヒント付き）に記入し、話し合った結果をまとめると、次ページの「戦略マップ」になった。

積極戦略で戦略マップを考えると、シンプル BSC は、中小零細企業に使える「重点的」で「シンプル」なものでなければならない。

マップの KFS で重点ポイントは何か、それは顧客の視点にある KSF「もう一つを提案する工夫」。その KFS を実現するための KPI は何か……そのカギになるのは「ロイヤル顧客の購入履歴」であることに気づき、購入履歴の管理について話し合った（288 〜 289 ページ参照）。

❷「カギ」になる購入履歴管理

セグメントした顧客にアプローチするには、購入履歴の把握（実績）が必要である。後日、総務部門に確認すると、メモで給油所以外の事業所（法人・個人）

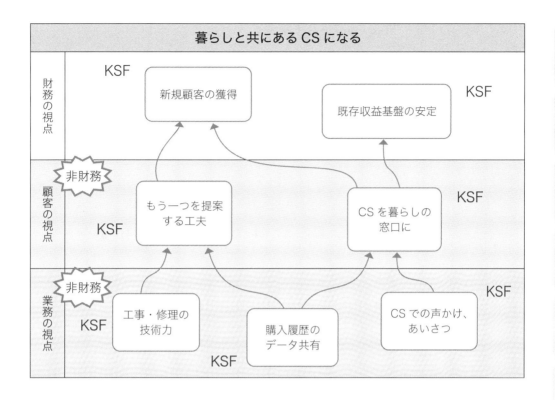

の購入履歴をノートで管理していることがわかり、データで管理し、各部門が情報を共有することで、「財務」のKSF「既存収益の安定」「新規顧客の獲得」につながることがわかった。

❸幹部対象のヒアリングでKPI特定

　上記❷をKPIとしてアクションプランに落とし込むため、各部門の幹部を対象にヒアリングを実施した。その結果、購入履歴の管理がカギになることが確信できた。

（6）具体策連動 中期収支計画

　給油所部門は燃料以外の売上（C収益）を上げ、他部門は「顧客の購入履歴」をもとに部門間で顧客情報の「今」を共有し、ロイヤル顧客（わが社に愛着をもっていただいている顧客）の販売機会とリピート率を上げる（290〜291ページ参照）。

クロス SWOT 分析　「機会」を深掘りする

No.	深掘りする質問	聞き出すヒント
		機会（O）…これから求められる
1	B、Cランク客の具体的なニーズ	●めったに買いに来ないお客が求めるニーズ ●日ごろ購入する業者で買わず、少量・臨時の購入で自社に来た理由
2	予期せぬ成功・新たな可能性	●まさかそんな使い方をしているとは… ●そういうアイデアを顧客が持っているとは…想定していなかったニーズ
3	既存客・新規見込み客が使ううえでいら立っていること（困りごと）	●なぜそこまで時間がかかるのか、なぜそんなに高いのかの不満は何か ●どこも対応してくれないから仕方なく顧客が諦めていること
4	そこまで要求しないから、もっと低価格のニーズ（そぎ落としの低価格需要）	●必要な機能やスペックはここだけで、他はいらないと顧客が思っていること ●ムダな機能やスペック、過剰なサービスを減らしても顧客が喜ぶもの
5	おカネを払うから、もっとここまでしてほしいニーズ（高価格帯需要）	●顧客が困っていることに適応するなら高くても買う理由 ●こんな顧客ならこんな高スペックや高品質の商品を買うだろう
6	こんな商品あったら買いたい・こんな企画ならいけそうというニーズ	●このターゲット顧客が喜びそうな商品とは ●このターゲット顧客なら、こんなイベントや販促、企画、アフターサービスを求めるだろう
7	他社がやっている企画・商品で真似したいこと	●あの同業者のあの商品の類似品ならいけそうだ ●二番煎じでもいけそうな商品とターゲット顧客
8	知り合い（同業者・関係先・仕入先・コンサル・税理士等）から聞いた善意の提案	●顧客以外から聞いた新たな提案 ●新たな気づきの善意の提案は何があるか
9	その他、新しいビジネスモデルでの要望	●コロナ禍で生まれた新たなニーズ ●これからの顧客が求める商品サービスとは

ニッチ分野、顧客が費用を払うニーズ		
どんな顧客が （どんな特性の顧客が）	具体的に何があるか	なぜそう思うのか、何が原因か （具体的に）
●セグメンテーションにもと づく提案 ●購入履歴の把握	●部門間連携の強化	●インナーシェア UP ●電力使用削減提案 ●リフォーム工事（ボイラー、トイ レ修理） ●給油所と他部門の情報共有
●「お客様の不の解消」 　→具体的にどういう顧客 　　か？	●具体的にどういう不満や不便をかかえてい るのか？	●アフターサービス強化と工事案 件情報共有

クロス SWOT 分析（積極戦略ヒント付き）

		積極戦略		
積極戦略①	何を（商品商材）どうしたい（KSF）			顧客視点
		ターゲット（顧客・チャネル）	今後の具体的なニーズ（買いたい理由）	求める具体的なサービス・付加価値・課題解決
	ロイヤル（常連）顧客のインナーシェアUP	●ロイヤル（常連）顧客	●新たなニーズ把握（会社では利用するが、社員個人では利用していない）	●洗車・タイヤ交換・コーティング・機器販売・設備工事
	組合せ			業務プロセス視点
		マーケティング・販促戦略	製造・構築の仕方	成果を出す社内体制・組織・仕組み
	B×1	●購入履歴見える化システムの活用	●サービス利用と購入実績把握（情報活用と売上実績把握）	●給油所部門と他部門の連携強化
積極戦略②	何を（商品商材）どうしたい（KSF）			顧客視点
		ターゲット（顧客・チャネル）	今後の具体的なニーズ（買いたい理由）	求める具体的なサービス・付加価値・課題解決
	ロイヤル（常連）顧客の満足度UP	●ロイヤル（常連）顧客	●住まいの改善に関する情報収集	●暖房器具の交換やメンテ・給排水衛生設備関係のメンテや入れ替えはYH石油に頼めば安心
	組合せ			業務プロセス視点
		マーケティング・販促戦略	製造・構築の仕方	成果を出す社内体制・組織・仕組み
	A×3	●「購入履歴管理システム」から情報収集 ●営業強化	●購入機器情報集積	●過去データ入力（可能な範囲） ●新規情報入力
積極戦略③	何を（商品商材）どうしたい（KSF）			顧客視点
		ターゲット（顧客・チャネル）	今後の具体的なニーズ（買いたい理由）	求める具体的なサービス・付加価値・課題解決
	ドライブ情報の発信（SNS）	●ロイヤル（常連）顧客に勤務する従業員や家族	●「快適なカーライフ」のニーズに応える情報発信	●クリーニング・コーティング・洗車・タイヤ交換等
	組合せ			業務プロセス視点
		マーケティング・販促戦略	製造・構築の仕方	成果を出す社内体制・組織・仕組み
	A×1	●車に関する（ドライブ・メンテ・気候等）情報発信	●仕入先等からの情報を有効活用する	●ロイヤル（常連）顧客の従業員や家族対象に登録目標設定

（すぐに取り組む具体策）		
		業績予測 （売上・個数・粗利率・粗利等）
顧客視点 KPI 1	顧客視点 KPI 2	
●購入履歴管理システム構築	●購入履歴管理システムの活用度 UP	
		原価・経費予測 （設備投資、原価、必要経費等）
業務プロセス視点 KPI 1	業務プロセス視点 KPI 2	
●部門間の情報提供件数	●部門間連携による受注件数	●購入履歴管理システム構築 100 千円、ランニングコスト年 100 千円
		業績予測 （売上・個数・粗利率・粗利等）
顧客視点 KPI 1	顧客視点 KPI 2	
●顧客紹介件数	●給油所外部門新規受注件数	●他部門 2（@ 300 千園 ×50 件 ×40％＝粗利 6,000 千円 ●他部門 3（@ 1,000 千円 ×10 件 ×40％＝ 4,000 千円
		原価・経費予測 （設備投資、原価、必要経費等）
業務プロセス視点 KPI 1	業務プロセス視点 KPI 2	
●購入履歴管理システム活用	●アフターサービス、新規工事提案件数	
		業績予測 （売上・個数・粗利率・粗利等）
顧客視点 KPI 1	顧客視点 KPI 2	
●顧客紹介件数	● CL 収益関連業務受注件数	●売上目標 10,000 千円 ●粗利 2,000 千円確保
		原価・経費予測 （設備投資、原価、必要経費等）
業務プロセス視点 KPI 1	業務プロセス視点 KPI 2	
● SNS 登録件数	● CL 収益関連業務提案件数	

クロス SWOT 分析の具体策連動 中期収支計画

科目	売上科目	商品または顧客	前年度実績	今期（71期）の予想	来期（72期）の予想	再来期（73期）の予想
売上	給油所部門		605,558	600,000	600,000	600,000
	他部門1〜4		547,411	565,000	580,000	600,000
	その他		16,793	16,000	16,000	16,000
	売上合計		1,169,762	1,181,000	1,196,000	1,216,000
原価	給油所部門		540,964	534,000	533,000	533,000
	他部門1〜4		380,575	388,000	400,000	414,000
	その他		4,993	5,000	5,000	5,000
	原価計		926,532	927,000	938,000	952,000
	売上総利益（粗利）合計		243,230	254,000	258,000	264,000
	平均粗利率		20.8%	21.5%	21.6%	21.7%
販売費および一般管理費	人件費		124,000	120,000	123,000	124,000
	減価償却費		18,000	15,000	12,000	9,000
	その他固定費		101,210	107,000	105,000	105,000
	販管費合計		243,210	242,000	240,000	238,000
	営業利益		20	12,000	18,000	26,000
営業外	営業外支出		3,000	3,000	3,000	3,000
	営業外収益		7,900	7,000	7,000	7,000
	経常利益		4,920	16,000	22,000	30,000

（単位：千円）

戦略での概算数値（売上・原価・経費）整理	
クロス分析の戦略と具体策から捻出される売上概況・内容（新商材・新規チャネル等の売上増や既存商材の売上減等）	新たに増減する売上高
〈1〉 ●ＣＬ収益ＵＰ（主にタイヤ交換、洗車、コーティング）	●売上・個数・粗利率・粗利等
〈2〉 ●部門間連携で販売力強化（優良顧客との取引強化）→機器販売・設備工事強化	●業績予測
〈3〉 ●現状維持（賃貸物件取得等無）	
〈4〉	
〈5〉	
クロス分析の戦略と具体策に該当する仕入または粗利に関する概況・内容（新商材・新規チャネル等で発生する原価や仕入、既存商材の売上ダウンに伴う仕入減、または粗利率の変動も含む）	新たに増減する原価・仕入
〈1〉 ●3年間は設備投資を控える	●原価予測
〈2〉 ●生産性向上→固定費削減（「購入履歴見える化」システムランニングコスト込み）	
〈3〉	
〈4〉	
〈5〉	
クロス分析の戦略と具体策に該当する経費支出・削減の科目と金額に関する科目と概況と内容（新対策で新たに発生する経費も含む）	新たに増減する経費
〈1〉 ●ロイヤル（常連）顧客のインナーシェアUP	●設備投資、必要経費等
〈2〉 ●何を（商品商材）どうしたい（KSF）	
〈3〉	
〈4〉	
〈5〉	
〈6〉	
〈7〉	

（7）KPI監査モニタリングと戦略マップ

❶ KPIモニタリング監査
　これまでバランス・スコアカード（BSC）に取り組み、経営計画に記載されていることを実行するため、経営者や幹部と「戦略目標」の決定と「KPI設定」の「場」を多く経験してきた。
　戦略実行の成功には、3つの要素が求められる。

　結果のブレークスルー ＝ 戦略の記述 ＋ 戦略の測定 ＋ 戦略の管理
　● 測定（第2の要素）できないものは管理（第3の要素）できない
　● 記述（第1の要素 ➡ 定義）できないものは測定できない

　KPI設定にあたっても、定義・測定・管理は重要である。しかし、PDCAサイクルを回し、実行段階で戦略の優劣やKPIの当たり外れがわかっても、それまで顧客は待ってくれない。経営計画の戦略を実行するためのKPIではなく、売上に直結する（マーケティング視点）KPI設定が必要。

　KGI：達成すべき目標とその道筋
　KPI：現在の施策の進行状況

　最終的なゴールであるKGIは「現状把握」でわかったとしても、その目標に到達する道筋が必要。その道筋に応じた中間目標になるのがKPIと言える。
■ KPI設定
　既存顧客、既存チャネルからわが社の強みを確認、これから求められる機会にフォーカスして、「強み」×「機会」で考え（どうやったらうまくいくのかという重要成功要因＝KSF）、現状把握で求めたKGI（目標）を達成するためのKPI設定に進むことにより、売上に直結するKPI設定ができる。
■ 監査とモニタリング
　モニタリングは監査が適正であるかどうかを検証するために行われるが、ここでは、実行と成果の関係を、①実行して結果が出た、②実行しなかったが偶然結果が出た、③実行しなかったので結果も出なかったという3つに区分し、①を習

慣づけるために関与先を伴走支援することを「KPI 監査とモニタリング」の定義
にしている（294 〜 295 ページ参照）。

❷戦略マップ

　「どのような顧客」に「どんなアクションを起こし」、わが社の価値を伝え、目
標とする「売上・粗利」をアップするのか KSF と KPI を絞り込むことが必要だ。
　売上に直結する KPI を重点的に追い求めるには、「購入履歴管理」により実態
を把握することから始め、粗利益アップのため「経営指針書」をもとに、実行す
べき戦略を絞り込み、以下の「戦略マップ」にたどりつくことができた。
　カギになるのは、顧客の視点にある「セグメンテーションに基づく提案」と業
務の視点にある「購入履歴の管理・活用」。目標（財務の視点）「限界利益率の向上」
「収益基盤の安定」にたどりつくためには、大きく考えスタートするのではなく、
「購入履歴の管理・活用」の KSF を定義し、具体的に行動するための基準（KPI）
を特定したうえで、「小さく始めることが大切」ということにつながった。結果
として、顧客の視点で戦略をシンプルに絞り込むことと同じ意味合いになった。

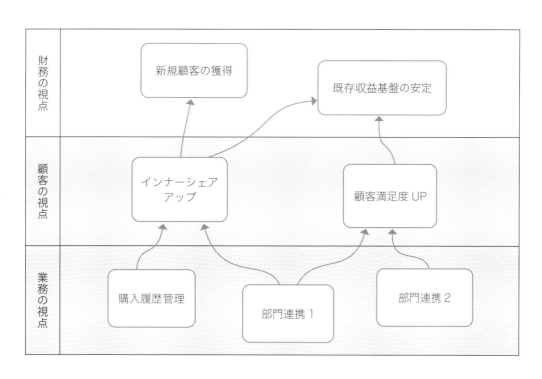

KPI 監査モニタリングシート

実施項目 （何をどうする）	視点	KPI内容	担当者	4-5月			6-7月		
				計画	実績	対策	計画	実績	対策
●ロイヤル（常連）顧客のインナーシェアUP	顧客視点	●購入履歴管理システム構築	N課長	3	3	「購入履歴の見える化」活動を5段階で定量評価	4	4	手書きの「購入履歴」をIT活用で見える化
		●購入履歴管理システムの活用度UP	Ya課長	100	50	幹部会議で活動主旨説明（日常行っていることを徹底することが目的）	100	80	自部門から他部門へ情報をパスする要件を定義
	業務プロセス視点	●部門間の情報提供件数	H課長	10	5	工務店から改築・リフォーム情報収集。既存顧客の施工履歴確認	20	16	工務店から改築・リフォーム情報収集。既存顧客の施工履歴確認
		●部門間の連携による受注件数	OT	5,000	2,250	機器修理、ガス検診訪問等で顧客情報収集し、各部門へパスを徹底	5,000	3,010	機器修理、ガス検診訪問等で顧客情報収集し、各部門へパスを徹底
●ロイヤル（常連）顧客の満足度UP	顧客視点	●顧客紹介件数	YN	60	30	GS部門の優良顧客（常連顧客）の従業員対象に、SNS登録キャンペーン実施。配信情報更新	60	40	GS部門の優良顧客（常連顧客）の従業員対象にSNS登録キャンペーン実施。配信情報更新
		●給油所外部門新規受注件数	TY	40	20	当月中旬に実績確認。目標達成見込み把握	40	35	当月中旬に実績確認。目標達成見込み把握
	業務プロセス視点	●購入履歴管理システム活用	N課長	4	5	GS2からGS1へ情報提供徹底（クリーニング・コーティング重点。ターゲットは常連顧客の従業員	4	5	GS2からGS1へ情報提供徹底（クリーニング・コーティング重点）。ターゲットは常連顧客の従業員
		●アフターサービス、新規工事提案件数	HT	500	250	当月中旬に実績確認。目標達成見込み把握	500	330	当月中旬に実績確認。目標達成見込み把握
●ドライブ情報の発信	顧客視点	●顧客紹介件数	H課長	60	20	ロイヤルカスタマー（TB建設、IW工務店、NN工務店等）の紹介件数UP	60	30	ロイヤルカスタマー（TB建設、IW工務店、NN工務店等）の紹介件数UP
		●CL収益関連業務受注件数	N課長		0	当月中旬に実績確認。目標達成見込み把握			当月中旬に実績確認。目標達成見込み把握
	業務プロセス視点	●SNS登録件数	N課長	20	10	常連顧客の従業員との取引促進		10	常連顧客の従業員との取引促進
		●CL収益関連業務提案件数	OT		0	当月中旬に実績確認。目標達成見込み把握		0	当月中旬に実績確認。目標達成見込み把握

2023年度											
8-9月			10-11月			12-1月			2-3月		
計画	実績	対策	計画	実績	対策	計画	実績	対策	計画	実績	対策
5	5	「購入履歴の見える化」システム完成	5	0	システム活用状況について定期的なミーティング開催（課題を確認、対応策検討と実施）	5	0	システム活用状況について定期的なミーティング開催（課題を確認、対応策検討と実施）	5	0	システム活用状況について定期的なミーティング開催（課題を確認、対応策検討と実施）
150	100	活動状況をパス件数で把握。当月中旬に実績確認、目標達成見込み把握	200	0	当月中旬に実績確認、目標達成見込み把握。月初で前月実績確認	200	0	当月中旬に実績確認。目標達成見込み把握。月初で前月実績確認	200	0	当月中旬に実績確認。目標達成見込み把握。月初で前月実績確認
30	15	工務店から改築・リフォーム情報収集。既存顧客の施工履歴確認	50	0	工務店から改築・リフォーム情報収集。既存顧客のアフターサービス開始	50	0	紹介キャンペーン実施。既存顧客のアフターサービス継続	50		紹介キャンペーン実施。既存顧客のアフターサービス継続
5,000	3,500	機器修理、ガス検診訪問等で顧客情報収集し、各部門へパスを徹底	5,000	0	機器修理、ガス検診訪問等で顧客情報収集し、各部門へパスを徹底	5,000	0	機器修理、ガス検診訪問等で顧客情報収集し、各部門へパスを徹底	5,000		機器修理、ガス検診訪問等で顧客情報収集し、各部門へパスを徹底
60	10	GS部門の優良顧客（常連顧客）の従業員対象にSNS登録キャンペーン実施。配信情報更新	60	0	GS部門の優良顧客（常連顧客）の従業員対象にSNS登録キャンペーン実施。配信情報更新	60	0	GS部門の優良顧客（常連顧客）の従業員対象にSNS登録キャンペーン実施。配信情報更新	60		GS部門の優良顧客（常連顧客）の従業員対象にSNS登録キャンペーン実施。配信情報更新
40	6	当月中旬に実績確認。目標達成見込み把握	40	0	当月中旬に実績確認。目標達成見込み把握。月初に前月実績確認	40	0	当月中旬に実績確認。目標達成見込み把握。月初に前月実績確認	40		当月中旬に実績確認。目標達成見込み把握。月初に前月実績確認
5	5	GS2からGS1へ情報提供徹底（クリーニング・コーティング重点）。ターゲットは常連顧客の従業員	5	0	GS2からGS1へ情報提供徹底（クリーニング・コーティング重点）。ターゲットは常連顧客の従業員	5	0	GS2からGS1へ情報提供徹底（クリーニング・コーティング重点）。ターゲットは常連顧客の従業員	5		GS2からGS1へ情報提供徹底（クリーニング・コーティング重点）。ターゲットは常連顧客の従業員
500	350	当月中旬に実績確認。目標達成見込み把握。月初に前月実績確認	500	0	当月中旬に実績確認。目標達成見込み把握。月初に前月実績確認	500	0	当月中旬に実績確認。目標達成見込み把握。月初に前月実績確認	500		当月中旬に実績確認。目標達成見込み把握。月初に前月実績確認
60	40	ロイヤルカスタマー（TB建設、IW工務店、NN工務店等）の紹介件数UP	60	0	ロイヤルカスタマー（TB建設、IW工務店、NN工務店等）の紹介件数UP	60	0	ロイヤルカスタマー（TB建設、IW工務店、NN工務店等）の紹介件数UP	60		ロイヤルカスタマー（TB建設、IW工務店、NN工務店等）の紹介件数UP
0	0	当月中旬に実績確認。目標達成見込み把握	0	0	当月中旬に実績確認。目標達成見込み把握。月初に前月実績確認	0	0	当月中旬に実績確認。目標達成見込み把握。月初に前月実績確認	0		当月中旬に実績確認。目標達成見込み把握。月初に前月実績確認
20	16	常連顧客の従業員との取引促進	20	0	常連顧客の従業員との取引促進	20	0	常連顧客の従業員との取引促進	20		常連顧客の従業員との取引促進
	0	当月中旬に実績確認。目標達成見込み把握		0	当月中旬に実績確認。目標達成見込み把握。月初に前月実績確認			当月中旬に実績確認。目標達成見込み把握。月初に前月実績確認			当月中旬に実績確認。目標達成見込み把握。月初に前月実績確認

たどりついた戦略マップで、①「ロイヤル（常連）顧客のインナーシェアアップのため「購入履歴管理」を徹底する、②「ロイヤル（常連）顧客の満足度アップのため給油所と他部門連携を強化する、③給油所間の連携を強化し、ロイヤル（常連）顧客に勤務する従業員や家族にSNSで情報発信するという3つの「軸」ができ、「誰に」「何を訴求し」売上アップを目指すのか、顧客視点と業務プロセスの視点がストーリーとしてつながった。

（8）KSF〜KPI〜アクションプランとKPI監査後の変化

❶ KPI監査による社長および幹部の意識の変化

　幹部対象にヒアリングした結果、部門間のつながりを重視して営業することにより、共通するロイヤル顧客と給油所2の常連客から情報収集することの重要性を意識するようになった。

　同社では従来、一部の主要な顧客の購入履歴を総務部が手書きで管理していた。セグメントした顧客に新たな提案をする前に「部門間の情報共有で販売チャンスを逃すことなく把握したい」と幹部会議で話し合われ、その結果完成したのが「シンプルBSCとKPI監査」のテンプレートの左側にある戦略マップである。

　社長の指示で「購入履歴の見える化プロジェクト」がスタートし、スマホで「今」を確認できる仕組み構築に向けて動き出した。KPI監査を継続し、月中で実績を把握し、目標達成のため月末までの行動計画を話し合い、翌月初めに達成状況を確認する仕組みを定着させることに、社長および幹部の意識が変わりつつある。

❷ すでにある「経営の仕組み」とのリンク

　次年度「経営方針書」で、顧客の視点として「セグメンテーションに基づく提案」「お客様の"不"を解消する」を戦略目標に掲げているが、今年度実施している「顧客の購入履歴」把握による部門間連携はその基盤づくりになる。

❸ 「10年ビジョン」に対する認識の変化

　WG石油販売株式会社の経営指針書に示している10年ビジョンは、次の3つがある。

> ● 地域と密着した「くるま（モビリティ）」対応
> ● エネルギー供給
> ● 生活インフラ「ワンストップサービス」

上記を実現するため、どのような取り組みを進めるのか。

経済産業省の中小企業向け支援サイト「ミラサポ Plus」に以下の記述がある。

　「説得力のある未来予想図を描くためには、『将来のマーケットや社会』の予測が欠かせません。顧客のニーズ・市場動向・競合について調査し、社会の大きな動き、メガトレンドを把握しましょう」

　調査は必要だが、現状把握が大事である。取り組みが始まったロイヤル顧客の「購入履歴管理」管理は、「顧客のニーズ・市場動向・競合」の現状把握につながる。結果として「シンプル BSC と KPI 監査」の提案は、10 年ビジョン実現を具体化することに役立った。

　ガソリンスタンド業界はエネルギーや環境変化への関心により、新たな機会や課題があるが、既存事業からの CF を維持し続けるための投資戦略（「ロイヤル（常連）顧客」との信頼関係を深くする）を実行しながら、不慣れでほぼ未経験の領域である地域と密着した「くるま（モビリティ）対応、エネルギー供給、生活インフラのワンストップサービス」の変化を考え、中長期経営計画を再検討することにつながった。

KSF ➡ KPI ➡ アクションプラン

実施項目 (何をどうする)	視点	KPI内容	計画と結果対策	4-5月	6-7月
●ロイヤル(常連)顧客のインナーシェアUP	顧客視点	購入履歴管理システム構築	計画	「購入履歴の見える化」着手活動を5段階で定量評価	手書きの「購入履歴」をIT活用で見える化
			結果対策	スケジュールに沿った活動、部門間連携促進、パス件数UP	キントーンお試し利用で活用方法検討
		購入履歴管理システムの活用度UP	計画	幹部会議で活動主旨説明(日常行っていることを徹底することが目的)	自部門から他部門へ情報をパスする要件を定義
			結果対策	幹部会議で各部門の目標数値確認、達成の動機付け	情報を他部門へパスする要件定義確定、システムに反映
	業務プロセス視点	部門間の情報提供件数	計画	工務店から改築・リフォーム情報収集。既存顧客の施工履歴確認	工務店から改築・リフォーム情報収集。既存顧客の施工履歴確認
			結果対策	部門別に情報収取先を特定。既存顧客の施工履歴把握	部門別に情報収取先を特定。既存顧客の施工履歴把握
		部門間の連携による受注件数	計画	機器修理、ガス検診訪問等で顧客情報収集し、各部門へパスを徹底	機器修理、ガス検診訪問等で顧客情報収集し、各部門へパスを徹底
			結果対策	稼働開始。目標未達成。業務日報による報告が浸透しなかった	あと一歩で目標達成。ガス検診部門は動き出したが、機器修理部門の活動が課題
●ロイヤル(常連)顧客の満足度UP	顧客視点	顧客紹介件数	計画	GS部門の優良顧客(常連顧客)の従業員対象にSNS登録キャンペーン実施。配信情報更新	GS部門の優良顧客(常連顧客)の従業員対象にSNS登録キャンペーン実施。配信情報更新
		給油所外部門新規受注件数	結果対策	これまで対象を特定しないで目標数値を追いかけていた	優良顧客(常連顧客)の従業員から配信情報の課題を聞くことができた
		購入履歴管理システム活用	計画	当月中旬に実績確認。目標達成見込み把握	当月中旬に実績確認。目標達成見込み把握
		アフターサービス、新規工事提案件数	結果対策	中旬の実績確認と月末まで対策会議を実施しなかった	会議は実施したが、結果の確認のみで目標達成のためのアクションがない
	業務プロセス視点	顧客紹介件数	計画	GS2からGS1へ情報提供徹底(クリーニング・コーティング重点)。ターゲットは常連顧客の従業員	GS2からGS1へ情報提供徹底(クリーニング・コーティング重点)。ターゲットは常連顧客の従業員
		給油所外部門新規受注件数	結果対策	GS2は顧客からの情報収集が課題。来客にクリーニングとコーティングをPR	連休期間の周辺観光情報をSNSで配信。クリーニング件数UP
		購入履歴管理システム活用	計画	当月中旬に実績確認。目標達成見込み把握	当月中旬に実績確認。目標達成見込み把握
		アフターサービス、新規工事提案件数	結果対策	中旬の実績確認と月末まで対策会議を実施しなかった	会議は実施したが、結果の確認のみで目標達成のためのアクションがない

2023年			
8-9月	10-11月	12-1月	2-3月
「購入履歴の見える化」システム完成	システム活用状況について定期的なミーティング開催（課題を確認、対応策検討と実施）	システム活用状況について定期的なミーティング開催（課題を確認、対応策検討と実施）	システム活用状況について定期的なミーティング開催（課題を確認、対応策検討と実施）
活用結果の報告と有料版切り替えで情報共有開始			
活動状況をパス件数で把握。当月中旬に実績確認、目標達成見込み把握	当月中旬に実績確認、目標達成見込み把握。月初で前月実績確認	当月中旬に実績確認。目標達成見込み把握。月初で前月実績確認	当月中旬に実績確認。目標達成見込み把握。月初で前月実績確認
幹部会議で各部門別パスの実績報告対応策検討			
工務店から改築・リフォーム情報収集。既存顧客の施工履歴確認	工務店から改築・リフォーム情報収集。既存顧客のアフターサービス開始	紹介キャンペーン実施。既存顧客のアフターサービス継続	紹介キャンペーン実施。既存顧客のアフターサービス継続
目標件数は確保できなかったが、部門間連携の意識は高まってきた。継続する			
機器修理、ガス検診訪問等で顧客情報収集し、各部門へパスを徹底	機器修理、ガス検診訪問等で顧客情報収集し、各部門へパスを徹底	機器修理、ガス検診訪問等で顧客情報収集し、各部門へパスを徹底	機器修理、ガス検診訪問等で顧客情報収集し、各部門へパスを徹底
目標数値の達成はできなかったが、受注につながる5案件確保			
GS部門の優良顧客（常連顧客）の従業員対象にSNS登録キャンペーン実施。配信情報更新	GS部門の優良顧客（常連顧客）の従業員対象にSNS登録キャンペーン実施。配信情報更新	GS部門の優良顧客（常連顧客）の従業員対象にSNS登録キャンペーン実施。配信情報更新	GS部門の優良顧客（常連顧客）の従業員対象にSNS登録キャンペーン実施。配信情報更新
配信情報の充実が登録件数UPにつながる			
当月中旬に実績確認。目標達成見込み把握	当月中旬に実績確認。目標達成見込み把握。月初に前月実績確認	GS部門の優良顧客（常連顧客）の従業員対象にSNS登録キャンペーン実施。配信情報更新	GS部門の優良顧客（常連顧客）の従業員対象にSNS登録キャンペーン実施。配信情報更新
GS1は会議の実施が習慣になった。GS2はアルバイトが多いので実施スケジュールが課題			
GS2からGS1へ情報提供徹底（クリーニング・コーティング重点）。ターゲットは常連顧客の従業員	GS2からGS1へ情報提供徹底（クリーニング・コーティング重点）。ターゲットは常連顧客の従業員	GS2からGS1へ情報提供徹底（クリーニング・コーティング重点）。ターゲットは常連顧客の従業員	GS2からGS1へ情報提供徹底（クリーニング・コーティング重点）。ターゲットは常連顧客の従業員
連休期間の周辺観光情報をSNSで配信。クリーニング件数UP			
当月中旬に実績確認。目標達成見込み把握。月初に前月実績確認	当月中旬に実績確認。目標達成見込み把握。月初に前月実績確認	当月中旬に実績確認。目標達成見込み把握。月初に前月実績確認	当月中旬に実績確認。目標達成見込み把握。月初に前月実績確認
GS1は会議の実施が習慣になった。GS2はアルバイトが多いので実施スケジュールが課題			

KSF ➡ KPI ➡ アクションプラン　続き

実施項目 （何をどうする）	視点	KPI 内容	計画と結果対策	4-5 月	6-7 月
●ドライブ情報の発信	顧客視点	顧客紹介件数	計画	ロイヤルカスタマー（TB 建設、IW 工務店、NN 工務店等）の紹介件数 UP	ロイヤルカスタマー（TB 建設、IW 工務店、NN 工務店等）の紹介件数 UP
			結果対策	特に活動をしなかったが、競合店閉鎖により来店客増加	エアコン取付、水道工事、機器販売の取扱い情報を来店客に配布
		CL 収益関連業務受注件数	計画	当月中旬に実績確認。目標達成見込み把握	当月中旬に実績確認。目標達成見込み把握
			結果対策	中旬の実績確認と月末まで対策会議を実施しなかった	会議は実施したが、結果の確認のみで目標達成のためのアクションがない
	業務プロセス視点	SNS 登録件数	計画	常連顧客の従業員との取引促進	常連顧客の従業員との取引促進
			結果対策	クリーニング、コーティング、洗車情報を来店時配布徹底	クリーニング、コーティング、洗車情報を来店時配布徹底
		CL 収益関連業務提案件数	計画	当月中旬に実績確認。目標達成見込み把握	当月中旬に実績確認。目標達成見込み把握
			結果対策	中旬の実績確認と月末まで対策会議を実施しなかった	会議は実施したが、結果の確認のみで目標達成のためのアクションがない

2023 年			
8-9 月	10-11 月	12-1 月	2-3 月
ロイヤルカスタマー（TB 建設、IW 工務店、NN 工務店等）の紹介件数 UP	ロイヤルカスタマー（TB 建設、IW 工務店、NN 工務店等）の紹介件数 UP	ロイヤルカスタマー（TB 建設、IW 工務店、NN 工務店等）の紹介件数 UP	ロイヤルカスタマー（TB 建設、IW 工務店、NN 工務店等）の紹介件数 UP
エアコン取付、水道工事、機器販売の取扱い情報を来店客に配布			
当月中旬に実績確認。目標達成見込み把握	当月中旬に実績確認。目標達成見込み把握。月初に前月実績確認	当月中旬に実績確認。目標達成見込み把握。月初に前月実績確認	当月中旬に実績確認。目標達成見込み把握。月初に前月実績確認
GS1 は会議の実施が習慣になった。GS2 はアルバイトが多いので実施スケジュールが課題			
常連顧客の従業員との取引促進	常連顧客の従業員との取引促進	常連顧客の従業員との取引促進	常連顧客の従業員との取引促進
クリーニング、コーティング、洗車情報を来店時配布徹底			
当月中旬に実績確認。目標達成見込み把握	当月中旬に実績確認。目標達成見込み把握。月初に前月実績確認	当月中旬に実績確認。目標達成見込み把握。月初に前月実績確認	当月中旬に実績確認。目標達成見込み把握。月初に前月実績確認
GS1 は会議の実施が習慣になった。GS2 はアルバイトが多いので実施スケジュールが課題			

《執筆者 Profile》

▌**藤野雅史**（ふじの・まさふみ）
▌日本大学経済学部 教授
▌日本経営会計専門家研究学会・常務理事　日本原価計算研究学会・理事
▌株式会社モスフードサービス社外監査役

2004 年日本大学経済学部専任講師、2007 年准教授、2017 年より現職。管理会計論、原価計算論などの講義を担当。2017 年より京都大学経営管理大学院にて上級経営会計専門家（EMBA）プログラムの講師を務め、「戦略と会計」を担当。
研究分野は「戦略実行の管理会計」「管理会計専門家の役割」など。フィールドワークを通じて現場で起きていることを理解し、そこから管理会計の新しいストーリーを描き出す研究スタイルをとっている。
主な論文に「管理会計『機能』のための人材育成」『原価計算研究』44(1)、「キリンビールにおけるカンパニー制のもとでの EVA と BSC」『企業会計』56(5) などがある。
　■ e-mail: fujino.masafumi@nihon-u.ac.jp

▌**嶋田利広**（しまだ・としひろ）
▌株式会社 RE–経営 代表取締役
▌京都大学経営管理大学院（EMBA）講師
▌銀行員コンサルティング塾塾長

経営コンサルタント歴 38 年。400 社の中小企業、会計事務所、病院・福祉施設をコンサルティングした実績を持つ。毎月 10 数社の経営顧問をしつつ、SWOT 分析等の指導事業所数は 400 を超え、中小企業における SWOT 分析の第一人者である。毎年 100 名以上のコンサルタントや会計事務所が受講する「SWOT 分析スキル検定」「経営承継戦略アドバイザー検定」のほか、コンサルティング技術を公開する「RE 嶋田塾」を主宰。
2018 年、2019 年には北海道財務局、九州財務局にて「SWOT 分析を活用した経営計画書ノウハウ」の講演を実施。京都大学経営管理大学院（EMBA）講師。銀行員コンサルティング塾塾長を務める。
主な著書『SWOT 分析を活用した根拠ある経営計画書事例集』『SWOT 分析コーチング・メソッド』『事業承継見える化コンサルティング事例集』（マネジメント社）など、15 冊以上を出版。
　■ e-mail：consult@re-keiei.com
　■ HP：https://re-keiei.com/
　■ YouTube：https://www.youtube.com/channel/UCTy_ms3Ctv4QCbm8kPTZoXw

▌**若山恵佐雄**（わかやまいさお）
▌税理士法人 NAVIS（ナヴィス）代表社員・税理士　株式会社若山経営代表取締役

1984 年税理士若山恵佐雄事務所開業、後に組織変更等により現在に至る。2019 年より京都大学経営管理大学院にて上級経営会計専門家（EMBA）プログラムの講師を務め、「戦略と会計」担当。2004 年 IT コーディネータ登録。
活力経営（目標・連携・評価）を支援し、中小企業発展に尽くすことを信条として活動。バランス・スコアカード（BSC）は、中小企業の経営計画「実行」に最適の仕組みと考え普及に専念してきた。たどりついたのが「シンプル BSC と KPI 監査」。戦略目標 = KSF（重要成功要因）と考え、「顧客の視点」を 1 つに絞り、計画実行 = KPI として行動することが重要と説いている。
2018 年、戦略ナビ（BSC の理論を使ったクラウドシステム）発売。
　■ e-mail：wakayama@wakayama-keiei.jp
　■戦略 TV：https://www.senryaku.tv/

斉藤恭明 （さいとう・やすあき）
斉藤税務会計事務所 所長　税理士

兵庫県立神戸商科大学（現、兵庫県立大学）卒業後、上場建設会社、上場不動産会社で10年間、営業マンとして活躍した後、税理士業界に転職。2000年税理士合格、2006年斉藤税務会計事務所開業。京都大学大学院、EMBAカリキュラム修了。上級経営会計専門家学会所属。
17年にわたって経営セミナー、社長塾等を主宰し受講生は延べ400人を超える。2018年からはBSCコンサルティングに取り組み、2021年にはその成果を日本経営会計専門家研究学会で報告。
- e-mail：decision.support@clock.ocn.ne.jp
- HP：https://www.kaikei-osaka.com/

上月和彦 （こうづき・かずひこ）
上月税理士事務所所長 所長税理士　株式会社神戸総研 代表取締役
日本経営会計専門家研究学会理事、近畿財務局経営革新等支援機関、M&Aシニアエキスパート

"双子の先生"として兵庫県神戸市で税理士事務所を経営。同ビル内で実弟が司法書士事務所を経営しており、税務と法務を両輪で対応できることが強みである。
株式会社神戸総研にて15年にわたり、中小企業に経営計画を中心とした経営支援に力を入れ20社以上の支援実績がある。2014〜2015年、明治安田生命主催「争族対策と相続税対策セミナー」の講師を100回以上務める。2019年、経営支援倶楽部全国大会最優秀賞受賞。2018年、京都大学経営管理大学院（EMBA）カリキュラム修了。
- e-mail：kouduki.k@gmail.com
- HP：https://www.kouduki-taxoffice.com

小形実昇龍 （おがた・みのる）
企業経営アドバイザー

1993年に青森市の若山会計事務所に入社し、10年間税理士補助業務に従事したのち、㈱若山経営で経営支援業務専任として、主に経営計画策定、経営計画実行支援、クラウド型のバランス・スコアカードシステムを使用した会議支援等の実績を積む。2022年2月に㈱若山経営から独立し、BSCを使った会議支援を主な業務とする。2023年4月からは青森県よろず支援拠点コーディネーターとしても活動中。
28年間、若山グループで現場重視の経営支援をしてきた経験とノウハウを活かし、経営資源のヒトを起点として、従業員満足から顧客満足を得て、その結果において、売上・利益を向上させることをモットーとしている。
- e-mail：minbo1129@outlook.jp
- YouTube：https://www.youtube.com/watch?v=bBvd9ADJV9c

加藤かおり （かとう・かおり）
斉藤税務会計事務所　日本交流分析協会指導会員 交流分析士インストラクター

大学卒業後、上場家電メーカー、上場建材メーカーで経理事務を担当した後、2009年斉藤税務会計事務所へ入所。税務会計を学ぶかたわら、2015年に交流分析士インストラクターを取得。2018年からは所長の斉藤とともにBSCコンサルティングに取り組んでいる。
BSCを通じての明確な目標設定や達成過程の管理、結果の評価において、経営者と従業員双方が合意し、ともに推進するために交流分析の理論を用いてサポートしている。
- e-mail: k.kato@kaikei-osaka.com
- HP: https://www.kaikei-osaka.com/

SWOT 分析 & BSC を活用した KPI 監査の実務と実例

2024 年　3 月 25 日　初 版　第 1 刷発行

著　者　　藤野雅史／嶋田利広／若山恵佐雄／斉藤恭明／
　　　　　上月和彦／小形実昇龍／加藤かおり
発行者　　安田喜根
発行所　　株式会社 マネジメント社
　　　　　東京都千代田区神田小川町 2-3-13（〒 101-0052）
　　　　　電話　03-5280-2530（代）　FAX　03-5280-2533
　　　　　ホームページ　https://mgt-pb.co.jp
　　　　　問い合わせ先　corp@mgt-pb.co.jp
印　刷　　中央精版印刷 株式会社